AF433667

* 9 7 9 8 8 6 9 1 9 4 3 2 9 *

ספר
עֵץ חיים
לרבינו
חיים ויטאל ז"ל
שֶׁקִיבל ממרן האר"י זלה"ה
שַׁעַר טנת"א
שַׁעַר ה' פרק ג'
דכ"ב ע"ב – דכ"ב ע"ג
תש"פ
SimchatChaim.com
בהוצאת
שִׂמחת חיים

בס"ד

הקדמה

ירפא **ה**מאציל **ו**יושיע **ה**בורא את כל חולי בני ישראל, וישלח להם רפואה שלימה, רפואת הנפש ורפואת הגוף, בכל אבריהם ובכל גידיהם לעבודתו יתברך.

בי"ב במנחם אב תשס"ה, הובהלתי לבית החולים, הרופאים לא נתנו לי סיכוי לחיות יותר מכמה שעות בגלל מספר תסבוכות. עם כל זאת בזכות התפילות של בני ישראל הקדושים, ברחמיו הרבים, ריחם עלי הקדוש ברוך הוא, ונשארתי בחיים.

עם כל זאת, הובחנה אצלי מחלה קשה בכליות, ונאמר לי שהצטרך למכונת דיאליזה. בשבילי זה היה שוק!!! אף פעם לא הייתי אצל רופא, או בבית חולים. כך בעל כרחי התחברתי למכונת דיאליזה, ומכונה זאת הייתה[1] קשורה בי ככלב במשך שמונים חודשים בדיוק, כמניין **יסוד**, במשך 10-12 שעות ביום.

בשבת פרשת **ויחי יעקב** י"ב טבת תשע"ב, בזכות בני ישראל, שכולם אהובים כולם ברורים כולם גיבורים כולם קדושים... וכולם פותחים את פיהם באהבה שלוש פעמים ביום, ואומרים - **ברוך אתה... רופא חולי עמו ישראל**, וכללותם כל האברכים, תלמידי הישיבות, רבנים וחכמים, חסידים, מקובלים עם תינוקות של בית רבן, זקנים עם נערים, בחורים וגם בתולות, בארץ הקודש ובעולם. ומצד שני בנות ישראל היקרות מפז, שהתפללו וקבלו עליהם כל מיני קבלות, מהפרשת חלה עד צניעות וכיסוי הראש, עם הרבנים, המנהלים, המורים, המורות **והתלמידות של בית יעקב דטורונטו** שכל יום התפללו, וכללו בתפילתם שבקעה את כל הרקיעים אותי, ונושעתי אני הקטן. הושתלה בי כליה. והתנתקתי ממכונת הדיאליזה.

אמר המלך דוד - לולי[2] תורתך שעשעי אז אבדתי בעניי. מה שנתן לי חיות היא התורה הקדושה, בשעות הרבות שהיתי מחובר למכונת הדיאליזה (כ12 שעות ביום), ערכתי סדרתי וכתבתי במחשב את הקונטרסים שלמדתי במשך שנים. וקונטרסים אלו הפכו לחיבור, ואחרי התלבטויות ובקשות מבני גילי, החלטתי בעזרתו יתברך להדפיס קונטרסים אלו.

ידוע הוא כי כל דברי האר"י זלל"ה ותלמידו נאמן ביתו, רבינו חיים ויטאל הם סתומים וחתומים באלפי שרשראות ומנעולים, והרב ז"ל גלה טפח וכיסה אלפים אמה, וכלל דבריהם הוא משלים, עם כל זאת העוסק במשל פועל בעלמות העליונים בנמשל. לכן צריך זהירות גדולה לא להגשים את המשלים, בסוד המבואר בספר הזוהר הקדוש - **ועלייהו אתמר** ועליהם נאמר - **ארור האיש אשר יעשה פסל ומסכה וגומר, ושם בסתר, מאי בסתר** מהו בסתר - **בסתרו דעלמא** בסתר העולם. ובגין דא אמר קודשא בריך הוא לא תעשון אתי ומפני זה אמר הקדוש ברוך הוא לא תעשון אתי **אלה"י כסף ואלה"י** זהב, והכי אוקמוה חבריא לא תעשון אתי **כדמות שמשי שמשמשין אותי** וכך העמידוהו החברים לא תעשון אתי כדמות שמשי שמשמשים אותי **במרום, לציירא בסתר דילי שום ציור או דמיון** לצייר בסתר שלי שום ציור או דמיון, **דכל מאן דצייר לעיל לקודשא בריך הוא** שכל מי שמצייר למעלה לקדוש ברוך הוא, בסתר,)**דאיהי שכינתיה, כלילא מעשר**

---

[1]

גמרא סוטה ד"ג ע"ב - גמרא סוטה ד"ג ע"ב – רבי אלעזר אומר, **קשורה בו ככלב**, שנאמר - ולא שמע אליה לשכב אצלה להיות. עמה לשכב אצלה בעולם הזה. להיות עמה לעולם הבא.

[2]

תהלים קי"ט צ"ב

ספיראן שהיא שכינתו, כלולה מעשר ספירות(, **שום ציור, וצלם, ודמות, כגוונא דמציירין בשמשין דיליה** שמציירים בשמשים שלו, **נשמתיה אתלבשא בההוא צלמא** נשמתו מתלבשת באותו צלם....

וכן הוא בסוף ענף ד' דשער א' בספר עץ חיים שער ההקדמות, וז"ל הטהור - ואמנם דבר גלוי הוא כי אין למעלה גוף ולא כח גוף חלילה. וכל הדמיונות והציורים אלו לא מפני שהם כך חס ושלום. אמנם **לשכך את האוזן** לכשיוכל האדם להבין הדברים העליונים, הרוחנים, בלתי נתפסים, ונרשמים בשכל האנושי. לכן ניתן רשות לדבר לדבר בבחינת ציורים ודמיונים, כאשר הוא פשוט בכל ספרי הזוהר. וגם בפסוקי התורה עצמה כולם כאחד עונים ואומרים בדבר הזה, כמו שאמר הכתוב עיני הוי"ה המה משוטטים בכל הארץ. עיני הוי"ה אל צדיקים. וישמע הוי"ה. וירא הוי"ה. וידבר הוי"ה. וכאלה רבות. וגדולה מכולם מה שאמר הכתוב - ויברא אלהי"ם את האדם בצלמו בצלם אלהי"ם ברא אותו זכר ונקבה וגו'. **ואם התורה עצמה דברה כך** גם אנחנו נוכל לדבר כלשון הזה, עם היות שפשוט הוא שאין שם למעלה אלא אורות דקים בתכלית הרוחניות, בלתי נתפשים שם כלל, וכמו שאמר הכתוב - כי לא ראיתם כל תמונה, וכאלה רבות. ואמנם יש עוד דרך אחרת כדי להמשיך ולצייר בה הדברים העליונים, והם בחינת כתיבת צורת אותיות, כי כל אות ואות מורה על אור פרטי עליון, וגם תמונת זו דבר פשוט הוא כי אין למעלה לא אות ולא נקודה, **וגם זה דרך משל וציור לשכך את האוזן** כנזכר.....

ולכן כל המבואר כאן בחיבור זה הוא כדי **לשכך את האוזן**. והתרשימים שבסוף החיבור הם כדי **לשבר את העין**, לכן אין שום ביאור והסבר שלם, ואין שום תרשים שלם בתכלית השלמות.

ידוע כי[3] דברי תורה ענים במקומן ועשירים במקום אחר, **ועל אחת כמה וכמה** בדברי הרב ז"ל, שכל סוגיה חסרה[4] במקומה, וחלקיה מפוזרים במקומות אחרים. **זאת ועוד** הרב ז"ל מערבב בדרוש אחד כמה וכמה סוגיות, כאשר בפשטות דבריו נראה שכל הדרוש הוא דרוש אחד, ולא מחולק לסוגיות שונות, ושמעות שונות, **ביאור** דברי הרב ז"ל כאן הם **בעומק, והוא בעצם ליקוט** עד איפה שידי הקצרה הגיעה, מכל חלקי ספר עץ חיים, ושמונה השערים המצוינים לרב ז"ל, מבוא שערים ושאר ספרי הרב ז"ל, והוא גם על פי הקדמת רחובות הנהר למרן הרש"ש, דרושי פנימיות וחיצוניות, דרוש הדעת, סוגיות ערכין, סוגיות דכללות והתכללות, פרטות וכללות, וסוגיות עובי ואורך, ועל פי ביאור גדולי רבותינו חכמי המקובלים לדורותם זלה"ה זי"ע.

ידוע כי[5] אין בר בלי תבן, כך אין ספר בלי טעויות, ועוד יודע אני כי דל ועני אני, **ואין**[6] **עני אלא בדעה**. לכן מבקש אני בכל לשון של בקשה אם יש לכל אחד שאלות, הערות, הארות, תיקונים, נא לשלוח ל - book@simchatchaim.com והשתדל לענות, ולתקן את הצריך תיקון.

בברכה והצלחה בלימוד התורה הקדושה

ובעיקר בפנימיות התורה, תורת האר"י החי"י.

ורפואה שלימה לכל חולי ישראל.

אח"י

---

[3]

גמרא ירושלמי, ראש השנה פ"ג הלכה ה' די"ז ע"א – דברי תורה עניים במקומן, ועשירים במקום אחר.

[4]

תורת חכם דע"ב ע"ב – חסר לשון הוא, כמו שיראה המעיין.

[5]

גמרא ברכות נ"ה א' - מה לתבן את הבר נאם ה', וכי מה ענין בר ותבן אצל חלום, אלא אמר ר' יוחנן משום ר' שמעון בן יוחאי ,כשם שאי אפשר לבר בלא תבן, כך אי אפשר לחלום בלא דברים בטלים.

[6]

גמרא נדרים מ"א ע"א – אין עני אלא בדעה .

הקדמה קצרה לחיוב לימוד תורת הקבלה

ישמחו ה**שמים ותגל ה**ארץ ירעם הים ומלאו. שזכינו בדור שלנו שפנימיות התורה, שהיא היא תורת הקבלה, מתפשטת לכל, וכל מקום בעולם היום לומדים בתורת הח"ן. הדור שלנו יש הרבה התעוררות ללמוד סתרי התורה הקדושה, הנקראת חכמת הקבלה. בירושלים של המאה ה18 בישיבת **בית אל** היו בקושי מנין של מקובלים, והיום תורת הקבלה מופצת בכל מקום בארץ ובעולם. לעניות דעתי אחת הסיבות העיקריות לשינוי זה הוא רצונם של בני התורה, החוזרים בתשובה ועמך לדעת את סוד החיים, למה ברא הקדוש ברוך הוא את העולם, ואת טעמי המצוות, ר"ל אי אפשר היום בדור שלנו, להסביר על פי הפשט את הסיבה מדוע אסור לאכול בשר וחלב, מדוע צריך להניח תפילין, למה לשמור דווקא שבת ולא יום שלישי, אי אפשר להגיד כל הזמן **זאת גזרת הכתוב, כך רוצה הקדוש ברוך הוא**, האנשים מחפשים הסברים למצות, לסיפורי התנ"ך, לגלגולי נשמות, ועוד. ורק על ידי עסק בפנימיות התורה, אדם מסיג את ההסברים לקושיות שיש לו. **זאת ועוד** חיים אנחנו בדור של חומריות, והאנשים מחפשים את הרוחניות שבחיים, אז מה עושים, נוסעים למזרח, להודו, סין, תאילנד למצוא רוחניות, ולא יודעים **ששורש כל הרוחניות בעולם נמצאת בתורה הקדושה**, עם כל זאת כאשר הלומד את פשט התורה, **הוא לא מכיר** את הקדוש ברוך הוא, והוא בלי יראת שמים ושמחה אמתית. כותב הרב המקובל האלוה"י רבינו יהודה פתייה בפרושו הנפלא על עץ חיים - כי לימוד עץ חיים הוא עמוק מאד מאד, כי הוא **מים שאין להם סוף**, והוא קשה מאד גם לחכמים ההוגים בו תמיד, וכל שכן למתחילים. כי הוא חזק מצור, וקשה מברזל, שאי אפשר לחצוב ממנו מאומה, אם לא על ידי כלי מחצב חזקים כציפורן שמיר. וכל המתחיל בלימוד עץ חיים, אם לא יהיה לו רב, או לפחות איזה מפרש המפרש לו כוונת הפרק ההוא לפי פשוטו, נבול יבול, ואינו יכול לעמוד על הפרק כי אם לאחר יגיעה רבה, ושקידה עצומה, וכולי האי ואולי. כי הרבה פעמים יסבור המעיין שהבין העניין ההוא כראוי, ואחר שילמוד עוד איזה פרקים אחרים, ירגיש כעצמו שלא הבין את פרקים הקודמים, והניסיון יעיד על זה, עד כאן דברי קודשו. עם כל זאת חייב כל אדם לעסוק בתורת החיים.

צדיק אתה הוי"ה וישר משפטיך. כתב הרב רבינו חיים ויטאל ז"ל בהקדמה לשער ההקדמות - והנה מה שכתב בתחילת דבריו, ואפילו כל אינון דמשתדלי באורייתא כל חסד דעבדי לגרמייהו וכו', עם היות שפשטו מבואר ובפרט בזמנינו זה, בעונותינו היום אשר התורה נעשית קרדום לחתוך בה אצל קצת בעלי תורה, אשר עסקם בתורה על מנת לקבל פרס, והספקות יתירות, וגם להיותם מכלל ראשי ישיבות, ודיני סנהדראות, להיות שמם וריחם נודף בכל הארץ, **ודומים במעשיהם לאנשי דור הפלגה הבונים מגדל וראשו בשמים**, ועיקר סיבת מעשיהם היא מה שנאמר אחר כך הכתוב - **ונעשה לנו שם**... והנה על הכת הזאת אמרו בגמרא כל העוסק בתורה שלא לשמה, נוח לו שנהפכה שליתו על פניו, ולא יצא לאויר העולם. ואמנם האנשים האלה מראים תימה וענוה באמרם כי כל עסקם בתורה הוא לשמה. והנה החכם הגדול התנא רבי מאיר ע"ה העיד עליהם שלא כך הוא, באומרו לשון כללות - כל העוסק בתורה לשמה זוכה לדברים הרבה וכו', **ומגלים לו רזי תורה, ונעשה כנהר שאינו פוסק**, והולך

וכמעיין המתגבר מאליו, בלתי הצטרכו לטרוח ולעיין בה, ולהוציא טיפין טיפין של מימי התורה מן הסלע, הנה זה יורה שאינו עוסק בתורה לשמה כהלכתה, ומי זה האיש אשר לא יזלו עיניו דמעות בראותו המשנה הזאת, **ורואה חסרונו ופחיתותו**, עד כאן לשונו. לכן כל אחד צריך לטעום מעץ ה**חיים**.

חצות לילה אקום להודות לך על משפטי צדקך. כתב רבינו אליהו מני זצ"ל רבו של ה**רי"ח** הטוב, בספרו הקדוש כסא אליהו שער ד' וז"ל - ואם זיכך הוי"ה ללמוד בחכמת האמת, הנה עצה היעוצה היא שכל סדר הלימוד בנגלה תתנהג בו ביום דווקא. **אבל בלילה תלמוד בחכמת האמת, והעיקר הלימוד אחר חצות**, כי זה הלימוד צריך ישוב דעת הרבה, וכשיקוץ האדם אז דעתו מיושבת עליו יותר. גם גה הלימוד צריך הסתר והצנע, **וכל דבר שיהיה בלילה ובפרט אחר חצות יהיה נסתר יותר מן היום**. ותעשה ועד עם החברים בבית המדרש אם הוא צנוע, **או בביתך ותלמדו בכל לילה**, עד כאן לשונו. וישב ללמוד האדם בלילה תחת עץ ה**חיים**.

קראתי בכל לב ענני הוי"ה חקיך אצרה. בהקדמה[7] לשער ההקדמות מבאר הרב ז"ל - ואמנם אל יאמר אדם אלכה לי ואעסוק בחכמת הקבלה, מקודם שיעסוק בתורה במשנה ובתלמוד, כי כבר אמרו רבינו ז"ל - אל יכנס אדם לפרדס **אלא אם כן מלא כריסו בבשר ויין**, והרי זה דומה לנשמה בלתי גוף, שאין לה שכר ומעשה וחשבון, עד היותה מתקשרת בתוך הגוף, בהיותו שלם מתוקן במצות התורה בתרי"ג מצות. **וכן בהפך** בהיותו עוסק בחכמת המשנה והתלמוד בבלי, ולא ייתן חלק גם אל סודות התורה וסתריה, כי **הרי זה דומה לגוף היושב בחושך**, בלתי נשמת אדם נר הוי"ה המאירה בתוכה, **באופן שהגוף יבש בלתי שואף ממקור חיים**, אשר זהו ענין אומרו במקום אחר ההוא הנזכר לעיל וז"ל - דאילין אינון דעבדי לאורייתא יבשה, ולא בעאן לאשתדלא בחכמת הקבלה וכו'. באופן כי התלמידי חכמים העוסקים בתורה לשמה, ולא לשמו, לעשות לו שם. צריך שיעסוק בתחילה בחכמת המקרא, והמשנה, והתלמוד, כפי מה שיוכל שכלו לסבול. ואחר כך יעסוק לדעת את קונו בחכמת האמת, וכמו שציוה דוד המלך ע"ה את שלמה בנו - דע את אלה"י אביך ועבדהו. ואם האיש הזה יהיה כבד וקשה בענין העיון בתלמוד, מוטב לו שיניח את ידו ממנו, אחר שבחן מזלו בחכמה זאת, ויעסוק בחכמת האמת. וזה שמבואר כל תלמיד חכם שאינו רואה סימן יפה בתלמוד בחמשה שנים, שוב אינו רואה, עד כאן דברי קודשו. ומזה כל אחד ואחד חייב להדבק במקור ה**חיים**.

חסדך הוי"ה מלאה הארץ חקיך למדני. בשער הגלגולים, בקדמה ט"ז כתב הרב ז"ל - עוד צריך שתדע, כי האדם צריך לקיים כל התרי"ג מצות, במעשה, ובדבור, ובמחשבה. וכמו שאמרו ז"ל על פסוק - זאת התורה לעולה ולמנחה וכו', כל העוסק בפרשת עולה, כאלו הקריב עולה וכו'. וכוונו בזה שהאדם מחוייב לקיים כל התרי"ג מצות בדבור, וכן על דרך זה במחשבה. ואם לא קיים כל התרי"ג בשלשה בחינות הנזכרות, מחוייב להתגלגל עד שישלים אותם. **עוד דע**, כי האדם מחויב לעסוק בתורה בארבעה מדרגות, **שסימנם פרד"ס**, והם, פשט, רמז, דרוש, סוד וצריך שיתגלגל עד שישלים אותם. ובהקדמה י"ז כותב הרב ז"ל, וז"ל - שהאדם **מחוייב לעסוק בתורה בארבעה מדרגות שבה**, והיא זאת, דע, כי כללות כל הנשמות

הם ששים רבוא ולא יותר. והנה התורה היא שרש נשמות ישראל, כי ממנה חוצבו, ובה נשרשו. ולכן יש בתורה ששים רבוא פירושים, וכלם כפי הפשט. וששים רבוא ברמז. וששים רבוא בדרש. **וששים רבוא בסוד**. ונמצא, כי מכל פירוש מן הששים רבוא פרושים, ממנו נתהווה נשמה אחת של ישראל, ולעתיד לבא כל אחד ואחד מישראל, ישיג לדעת כל התורה כפי אותו הפירוש המכוון עם שרש נשמתו, אשר על ידי הפרוש ההוא נברא ונתהווה כנזכר. וכן בגן עדן אחר פטירת האדם, ישיג כל זה. וכן בכל לילה כאשר האדם ישן, ומפקיד נשמתו ויוצאה ועולה למעלה, הנה מי שזוכה לעלות למעלה, מלמדים לו שם אותו הפירוש, שבו תלוי שרש נשמתו. ואמנם הכל כפי מעשיו ביום ההוא, כך באותה הלילה ילמדוהו, פסוק אחד, או פרשה פלונית, כי אז מאיר בו יותר פסוק ההוא משאר הימים. ובלילה האחרת יאיר בנשמתו פסוק אחר, כפי מעשיו של אותו היום, וכולם על דרך הפירוש ההוא אשר תלויה בו שרש נשמתו כנזכר, עד כאן דברי קודשו. ור"ל שכל יהודי ויהודי חייב להשיג את שורש נשמתו, וללמוד את סוד ה**חיים**.

יבאוני רחמיך ואחיה כי תורתך שעשעי. מבואר במדרש משלי - אמר רבי ישמעאל, בוא וראה כמה קשה יום הדין שעתיד הקדוש ברוך הוא לדון את כל העולם כולו בעמק יהושפט. בזמן שתלמידי חכמים באים לפניו, אומר לכל אחד מהם - כלום עסקת בתורה, אמר לו הן, אומר לו הקדוש ברוך הוא הואיל והודית, אמור לפני מה שקרית, ומה ששנית בישיבה, ומה ששמעת בישיבה. מכאן אמרו - כל מה שקרא אדם יהא תפוש בידו, ומה ששנה כמו כן, שלא תשיגהו בושה ליום הדין. מכאן היה רבי ישמעאל אומר - אוי הלה לאותה בושה, אוי לה לאותה כלימה, ועל זה ביקש דוד מלך ישראל בתפילה ובתחנונים לפני המקום ואמר - הוי"ה בוקר תשמע קולי בוקר אערך לך ואצפה. בא לפניו מי שיש בידו מקרא ואין בידו משנה, הקדוש ברוך הוא הופך את פניו ממנו, ושרי גיהנם מתגברים בו כזאבי ערב, ונוטלין אותו ומשליכין אותו לתוכה. בא לפניו מי שיש בידו שני סדרים או שלושה, אז הקדוש ברוך הוא אומר לו - בני, כל ההלכות למה לא שנית אותם, ואם אומר הקדוש ברוך הוא הניחוהו, מוטב, ואם לאו עושין לו כמידה הראשון. בא לפניו מי שיש בידו הלכות, הקדוש ברוך הוא אומר לו - בני, תורת כהנים למה לא שנית, שיש בה טומאה וטהרה, וטומאת שרצים וטהרת שרצים, טומאת נגעים וטהרת נגעים, טומאת נתקים ובתים וטהרת נתקים ובתים, טומאת זבים ולידה וטהרת זבים ולידה, טומאת מצורע וטהרתו, סדר ווידוי יום הכיפורים, וגזירות שוות, ודיני ערכים, וכל דין שדנו ישראל לא דנו אלא מתוכו. בא לפניו מי שיש בידו תורת כהנים, אומר לו הקדוש ברוך הוא - בני, חמישה חומשי תורה למה לא שנית, שיש בהם קריאת שמע, ותפילין, ומזוזה. בא לפניו מי שיש בידו חמישה חומשי תורה, אומר לו - בני, למה לא למדת הגדה, ולא שנית, שבשעה שחכם יושב ודורש, אני מוחל ומכפר עוונותיהם של ישראל, ולא עוד אלא בשעה שעונין אמן יהא שמיה רבה מברך, אפילו נחתם גזר דינם אני מוחל ומכפר להם עוונותיהם. בא לפניו מי שיש בידו הגדה, אומר לו הקדוש ברוך הוא - בני, תלמוד למה לא שנית, שנאמר - כל הנחלים הולכים אל הים והים איננו מלא, זה התלמוד, שיש בו חכמות הרבה. בא מי שיש בידו תלמוד, הקדוש ברוך הוא אומר לו - בני, הואיל ונתעסקת בתלמוד, **צפית במרכבה, צפית בגאוה**, שאין הנייה בעולמי, אלא בשעה שתלמידי חכמים יושבים ועוסקים בתורה, מציצין ומביטין ורואין והוגין המון התלמוד הזה - **כסא כבודי היאך הוא עומד. רגל הראשונה במה היא משמשת, שנייה במה היא משמשת, שלישית במה היא משמשת, רביעית במה היא משמשת, חשמל היאך הוא עומד, ובכמה פנים הוא מתהפך בשעה**

אחת, לאי זה רוח הוא משמש, הברק היאך הוא עומד, כמה פנים של זוהר נראין בין כתפיו, לאיזה רוח משמש, כרוב היאך הוא עומד, לאי זה רוח הוא משמש. גדולה מכולם עיון כיסא הכבוד, היאך הוא עומד, עגול הוא כמין מלבן, ומתוקן הוא, כמה גשרים יש בו, כמה הפסק בין גשר לגשר, וכשאני עובר באיזה גשר אני עובר, ובאי זה גשר האופנים עוברים, ובאיזה גשר הגלגלים עוברים. גדולה מכולם מצפורני ועד קודקודי, היאך אני עומד, כמה שיעור בפיסת ידי, וכמה שיעור אצבעות רגלי. גדולה מכולם כיסא כבודי, היאך הוא עומד, לאיזה רוח הוא משמש, באחד בשבת לאיזה רוח הוא משמש, בשני בשבת לאיזה רוח הוא משמש, בשלישי בשבת לאיזה רוח הוא משמש, ברביעי בשבת, בחמישי בשבת, בשישי בשבת לאיזה רוח משמשין, וכי לא זהו הדרי, זהו גדולתי, זהו הדר יופי, שבניי מכירין את כבודי במידה הזאת. ועליו אמר דוד - מה רבו מעשיך הוי"ה, כולם בחכמה עשית, מלאה הארץ קנייניך. עד כאן לשון המדרש. ממדרש זה לומדים על חובת כל אחד ואחד מישראל את לימוד כל חלקי הפרד"ס, ובעיקר את בחינת הסוד שבתורה, הנקרא[8] מעשה מרכבה, ובמעשה בראשית. ומבאר הרב בית לחם יהודה על השינוי שיש בפסוקים במעמד הר סיני, בפסוק אחד כתוב - ויחן שם **ישראל** תחת ההר. ומספר פסוקים יותר מאוחר כתוב וירא **העם** וינועו מרחק. וידוע כי כאשר כתוב בתורה **ישראל**, מדובר **בבני ישראל**, וכאשר כתוב **העם**, מדובר על **הערב רב.** וז"ל הרב בית לחם יהודה - ובזוהר בהעלותך דף קנ"ב ע"א קרי להעוסקים בחכמת האמת, אינון דהוי קיימי בטורא דסיני. וז"ל - חכימין עבדי דמלכא עלאה אינון דקיימו בטורא דסיני, לא מסתכלי אלא בנשמתא, דאיהי עיקרא דכלא אורייתא ממש וכו'. ונראה בעיני אם מותר, משמע אותן שאינן יודעים סודות התורה לא עמדו על הר סיני, עד כאן לשונו. ונראה לי בביאור כוונתו כי בתחלה כשיצאו ישראל לקראת האלהי"ם, היו מתייצבים בתחתית ההר, ואחר כך נאמר וירא העם וינועו ויעמדו מרחוק, כי היו יראים פן תאכלם האש הגדולה הזאת וימיתו. והיה מקצת מהעם שהיו ששים ושמחים לקראת השכינה, ולא רצו לזוז ממקומם הראשון, ולעמוד מרחוק, אפילו אם ימיתו ממש. ועליהם הוא מה שכתב בזוהר הנזכר - אינין דקיימו בטורא דסיני, כלומר ולא נעו ועמדו מרחוק, אלא עמדו בטורא דסיני מתחלה ועד סוף, ולכן הם זוכים לחכמת האמת. ואותם הנשמות אשר נעו עם העם ועמדו מרחוק, כן הם עושים גם עתה, שנסים ועומדים מרחוק לחכמת האמת מיראתם, פן תאכלם האש הגדולה הזאת. ולכן על כל אחד ואחד מבני ישראל הקדושים מחויב לעמוד תחת עץ החיים.

יראיך יראוני וישמחו כי לדברך יחלתי. בספר הזוהר הקדוש מבואר מדוע התפילות של בני ישראל לא נענות, וז"ל תיקוני הזוהר תיקון מ"ג - **בראשית תמן את"ר יב"ש** במלת בראשית יש אותיות את"ר יב"ש, **ודא איהו ונהר יחרב ויבש** היסוד הנקרא נהר יחרב ויבש ממי השפע, ואין לו מה להשפיע למלכות, **בההוא זמנא דאיהו יבש** באותו הזמן שהיסוד הוא יבש, **ואיהי יבשה** המלכות הנקראת יבשה, היא יבשה כי לא מקבלת שפע מהיסוד, אז כאשר **צווחין בנין לתתא** מתפללים וצועקים בני ישראל, **ביחודא ואמרין** וביחוד שאומרים בני ישראל **שמע ישראל** שיבא ז"א הנקרא ישראל להתיחד עם נוקבא בשעת התפילה דעמידה, עם כל זאת **ואין קול** של התפילה או הקריאת שמע שעוזרים לזיווג דזו"ן **ואין עונה** ואין מי שיענה וימלא את הבקשות בתפילתם. **הדא הוא דכתיב** וזהו שכתוב - **אז** בני ישראל **יקראונני**

8 גמרא חגיגה די"א ע"ב

בני ישראל בעת צרתם בקריאת שמע ובתפילה, **ולא אענה** ואני לא אענה אותם בתפלתם, מפני
שלא לומדים ומתעסקים בפנימיות התורה. **והכי מאן דגרים דאסתלק** וכל מי שגורם הסלקות
פנימיות תורת **הקבלה וחכמתא מאורייתא דבעל פה ומאורייתא דבכתב** מהתורה שבעל פה
והתורה שבכתב, **וגרים דלא ישתדלון בהון** וגורמים גם לאחרים שלא יתעסקו וילמדו את
חכמת הקבלה, **ואמרין דלא אית אלא פשט באורייתא ובתלמודא** ואומרים שאין בתורה
ובתלמוד אלא פשט התורה, בלי פנימיות הסוד, **בודאי כאלו הוא יסלק נביעו מההוא נהר**
בודאי נחשב לו כאילו הוא מסתלק את נביעת שפע החכמה והבינה מן היסוד, **ומההוא גן** ומן
הנוקבא הנקראת גן, **ווי ליה** לאותו יהודי **טב ליה דלא אתברי בעלמא** טוב לו שלא היה
נברא, **ולא יוליף ההיא אורייתא דבכתב ואורייתא דבעל פה** ולא היה לומד תורה שבכתב
ותורה שבעל פה, כי דינו כעם הארץ שלא למד כלל, ועוד **דאתחשב ליה כאלו אחזר עלמא
לתהו ובהו** שנחשב לו כאילו החזיר את העולם לתהו ובהו, ר"ל לסוד שבירת הכלים לפי
שמגביר הקליפות כאשר הנהר והגן יבשים, **וגרים עניותא בעלמא ואורך גלותא** וגורם עניות
בעולם ומאריך את הגלות השכינה וביאת המשיח. עד כאן דברי הזוהר הקדוש. וכותב רב חיים
ויטאל זלה"ה בהקדמה וז"ל - אמנם שעשועות של הקדוש ברוך הוא בתורה, והיותו בורא בה
את העולמו, היתה בהיותו עוסק בתורה בבחינת הנשמה הפנימית שבה, הנקרא - רזי תורה,
הנקרא מעשה מרכבה, **היא חכמת הקבלה** כנודע אל היודעים, וטעם הדבר הוא להיותו עולם
האצילות העליון מאד, טוב ולא רע, דלא יכיל להתערבא עמיה קליפה, ועליה אתמר - וכבודי
לאחר לא אתן, כנזכר בספר התיקונין דף ס"ו תיקון י"ח, וכן בספר הזוהר בפרשת בראשית דף
כ"ח ע"א עיין שם. ולכן גם התורה אשר שם]**אח**[**י** - בעולם האצילות] איננה רק מופשטת
מכל לבושי הגופנים, מה שאין כן למטה בעולם היצירה, עולם דמטטרו"ן, הנקרא עבד טוב,
והוא הנקרא עץ הדעת טוב מסטרא, ומסטרא דסמא"ל שהוא קליפין דיליה, **נקרא עבד רע**, כי
התורה אשר שם, הם שית סדרי משנה **הנקראים שפחה** כנזכר לעיל, וכנזכר בפרשת בראשית
שם דף כ"ז ע"א. ולכן נקראת משנה, לפי ששם יש שינויים הפוכים **טוב מסטרא דעבד טוב**,
היתר, כשר, טהור. **רע מסטרא דעבד רע**, איסור, טמא, פסול. גם הוא מלשון כי מרדכי
היהודי משנה למלך, שהיה שפחה הנקרא עבד מלך, מלך גם נקרא מלשון שינה, כנזכר
בפרשת פינחס דף רמ"ד ע"ב - קם זמנא תנינא ואמר, מארי מתניתין נשמתין ורוחין ונפשין
דילכון אתערו כען ואעברו שינתא מניכון דאיהו, ודאי משנה אורח פשט, דהאי עלמא ואנא לא
אתערנא בכו, אלא ברזין עילאין דעלמא דאתי דאתון בהון, לא ינום ולא ישן. וזה יובן במה
שמבואר יותר למעלה שם - **ורבנן דמתניתין ואמוראי, כל תלמודא דלהון על רזין
דאורייתא סדרו ליה**. ונמצא כי המשנה והש"ס הם הנקרא גופי תורה. והנה דבריהם כחלום
בלי פתרון, **ורזייה וסתריה הפנימים הנקרא נשמת התורה, הם הם פתרון החלום הנפתר
בהקיץ**, בסוד - אני ישנה ולבי ער, וכמו[9] שאמרו חכמים ז"ל - **במחשכים הושיבני כמתי
עולם, זה תלמוד בבלי**, אשר איננו מאיר אלא על ידי ספר הזוהר, **הם הם רזי תורה וסתריה**
אשר עליהם נאמר - ותורה אור. ואין ספק כי כמו שהיצר נקראת עבד ושפחה בערך האצילות,
ונקרא קליפין ולבושין דחול, כנזכר בהקדמת ספר התיקונין ד"ג ע"ב וז"ל - וביומי דחול לביש
עשר כתות דמלאכיא דמשמשי לעשר ספירות דבריאה. ואם כן אין לתמוה כי התורה אשר שם
שהיא המשנה, תהיה נקרא שפחה וקליפין דתורה דאצילות, וזה סוד כל הבשר חציר הנזכר

לעיל במאמר הראשון, כי כמו שהחטה שהיא בגימטריא כמנין כ"ב אותיות התורה, הגנוזה תוך כמה קליפין ולבושין שהם הסובין והמורסן והתבן והקש והעשב, הנקרא חציר, כן המשנה אצל סודות התורה נקרא חציר, וזה נרמז בספר הזוהר פרשת כי תצא ברעיא מהמנא דף רע"ה ע"ב - אצל רבנן ווי לאינון דאכלין תבן דאורייתא, ולא ידעי בסתרי אורייתא, אלא קלין וחמורין דאורייתא, קלין אינון תבן דאורייתא, וחמורין אינון חטה דאורייתא, ח"ט ה' אלנא דטוב ורע וכו'. ואלו באתי להרחיב דרוש זה לא יספיקו מאה קונטרסין בלי ספק בלי שום גוזמא, האמנם החכם עיניו בראשו כי דברי אמת אני אומר, ואל יתמה האדם בראותו ספר הזוהר איך קורא אל המשנה שפחה וקליפין, כי עסק המשנה כפי פשטיה, אין ספק שהם לבושין וקליפין חיצונים בתכלית אצל סודות התורה הנגנזים, ונרמזים בפנימיותה כי כל פשטיה הם בעלם הזה בדברים חומרים תחתונים..... על כן על כל בני ישראל לאכול מעץ החיים.

מה אהבתי תורתך כל היום היא שיחתי. ומבאר הרב ז"ל בהקדמה לשער המצות, כי עסק לימוד פנימיות התורה הוא חלק בלתי נפרד מתלמוד תורה, וז"ל - גם בענין עסק התורה שהיא אחת מרמ"ח מצות עשה, אם לא השלים אותה, שהוא ענין עסקו בפרד"ס התורה, שהוא ראשי תיבות פשט רמז דרש סוד, בכל בחינה מהם כפי אשר יוכל להסיג, עד מקום שידו מגעת, לטרוח ולעשות לו רב שילמדנו. ואם לא עשה כן, הרי חסר מצוה אחת של תלמוד תורה, שהיא גדולה ושקולה ככל המצות, וצריך להתגלגל עד שיטרח הארבעה בחינות של פרד"ס כנזכר. וכן מבאר הרב בית לחם יהודה בהקדמתו הקדושה, וז"ל - ומה מאד נמלצו [אח"י - מלשון מליצה] בזה דברי הנביא ירמיה (סימן כ"ב) באומרו - אל תבכו למת וכו'. שהוא מדבר עם הציבור המתקבצים להספיד על איזה צדיק הנפטר רח"ל, על שנחסר צדיק אחד מהדור שהיה מנין בזכותו עליהם. וקאמר להו הנביא אל תבכו וכו', לפי שרובם של צדיקים אינם זוכים לעסוק בכל ארבעה חלקי הפרד"ס, ואם כן מוכרחים הם לחזור ולבוא בגלגול כדי להשלים לימודם בארבעה חלקים, כי אפילו הוא עסק בשלוש חלקי הפרד"ס, לא יצא ידי חובתו, ועליו נאמר הן כל אלה יפעל א"ל פעמים שלש עם גבר, להחזירו בגלגול. ואם כן הויא פסידא דהדרא. ואפשר שבו ביום שנפטר הוא חוזר ומתגלגל, כנזכר בזוהר ריש פרשת אמור, יעו"ש. ואם כן אין לכם פסידא כל כך. אמנם בכו בכו להלך, לאותו צדיק שכבר עסק בארבעה חלקי הפרד"ס. כי תיבת להלך היא חסר ו', ואם תחשוב תיבת להלך ארבעה פעמים עם ארבעה הכוללים, שהם כנגד ארבעה חלקי הפרד"ס, הם בגימטריא פרד"ס. שזה הצדיק לא ישוב עוד וראה את ארץ מולדתו, כי על ארבעה לא אשיבנו. שזהו פסידא דלא הדרא באמת, ונחסר לגמרי מן העולם הזה, עד כאן לשונו. ולכן חובה על כל אדם לעסוק בכל חלקי הפרד"ס, ובפרט בחלק הסוד, הנקרא פנימיות התורה, כמבואר בזוהר הקדוש כמובא בזוהר הקדוש פרשת נשא דף קכ"ד - בהאי חבורא דילך דאיהו ספר הזוהר יפקון ביה מן גלותא ברחמי, בזכות הלימוד בספר הזוהר הקדוש, יצאו בני ישראל מהגלות ברחמים. ועוד כל מי שחשקה נפשו ללמוד, אסור למנוע זאת ממנו, בסוד הפסוק[10] - אל תמנע טוב מבעליו, ועל כל אדם להיכנס לפרד"ס החיים.

משלי ג' כ"ז — אל תמנע טוב מבעליו בהיות לאל ידך לעשות.

אשרי האיש אשר לא הלך בעצת רשעים ובדרך חטאים לא עמד ובמושב לצים לא ישב. דע כי יהיו הרבה אנשים רשעים, שינסו למנוע מבני ישראל הקדושים ללמוד בכללות תורה, ובפרט את תורת הקבלה, מכל מיני סיבות ומניעות, והשטן מדבר מגרונם של אלו הרשעים. ואלו דברי קודשו של בעל שבט מוסר רבינו אליהו הכהן האתמרי זצלה"ה - ובהביטך בן אדם מה שעבר על אחרים למה תרדוף אתה אחר כל אלה הדברים הזרים, להשביע נפש מרורים ולמוסרה ביד צרים המה המקטרגים הצוררים, ולמה לא תחמול על נפשך ועל נועם תבנית צלם גופך למוסרו בידן ולהשליכו בתוך גחלי רתמים בטיט היון של גיהנם, להשחירו ולהתיכו כאשר ניתך הזפת בפני האש, אשר על כן תן עצה אתה בנפשך **לברור בדרך החיים בעסק התורה והמצות**, וגם להצטער עצמך זמן קצוב הם חיי עולם הזה, כדי שתתענג זמן רב בלתי סוף ותכלית, ואל יעלה על דעתך כאשר עלה בדעת הרבה שנאבדו בידם באומרם כיון שמכיר אני בעצמי שאין בדעתי להבין ולהשכיל, איני עוסק בתורה, טועה הוא בדבר, שהרי הוא מחוייב לעשות מה שנצטוה לעשות, ואם יבין יבין, **שהרי והגית בו יומם ולילה כתיב** ולא כתיב ותבין בו, וכן תמצא בדברי התנא אם למדת תורה הרבה נותנין לך שכר הרבה, ואינו אומר אם הבנת הרבה, אלא למדת אמרו, ותשתדל להבין ואם תבין תבין, ואם לא שכר לימודך בידך, וכמאמר התנא לפום צערא אגרא, ומה גם שאמרו האדם איני לומד מפני שאיני מבין, **הוא פיתוי היצר**, יתמיד בלימודו וסוף הבינה לבא, שבראות קדוש ברוך הוא **חשקו בתורתו ודבקותו בה, פותח לו מעייני החכמה**, דכתיב - כי הוי"ה יתן חכמה מפיו דעת ותבונה. והנני מוסר לך דבר אשר תרדוף אחריה, ויהיה חיים לנפשך וענקים לגרגרותיך, **לעולם יהיה עיקר לימודך בדבר של תורה שליבך חפץ יותר**, אם בגמרא גמרא, ואם בדרוש דרוש, ואם ברמז רמז, **ואם בקבלה קבלה**, ורמז לדבר כי אם בתורת הוי"ה חפצו, כלומר תורת הוי"ה תלויה בדבר שלבו חפץ לעסוק, וכמו שמבאר האר"י זלה"ה בספר דרושי הנשמות והגלגולים פרק שלישי, וז"ל - יש בני אדם שכל חפצם ועסקם בפשטי התורה, ויש שעסקם בדרוש, ויש ברמז, ויש גם כן בגימטריות, **ויש בדרך האמת**, הכל כפי מה שעליו נתגלגל בפעם ההוא, כיון שהשלים פעם אחרת בשאר העניינים, אין צורך לו שבכל גלגול יעסוק בכולם, עד כאן לשונו. **ואל תביט ותשגיח לדברי המתנגדים על מה שחשקת לעסוק בתורה** בגמרא או בפשט או בדרוש וכו', באומרם לך למה אתה מוציא כל ימיך בפרט זה של תורה ולא בפרט זה, משום שעל מה שחשקת ללמוד, על דבר זה באת לעולם, ואם תשים דעתך לדבריהם, יכריחוך להתגלגל בזה העולם פעם אחרת ולעבור נפשך בחרב חדה של מלאך המות ולטעום טעם מיתה, ולכן לא תשמע לדברי המשחית נפשך, **כי דע שהשטן מתלבש באלו האנשים לדאוג ולהצטער ולהכאיב נפש הלומד ועוסק בתורה**, בחלק שֶׁאִוְּתָה נפשו לעסוק, כדי להבדילו משם שלא ישלים נפשו, על מה שבא להשלימה, ולהכריחו גלגולים אחרים, וכשם שבדבר שחושק יותר האדם ללמוד, משם יבין שעל דבר זה נתגלגל להשלים, כך צריך האדם שידע שורש נשמתו ומהיכן נמשך ועל מה בא לתקן ולהשלים, כמו שאמר בזוהר שיר השירים על הגידה לי את שאהבה נפשי וכו'. **וכדי שיבין יראה באיזה מצוה תקיף יצרו יותר לבטלה יתחזק בה לקיימה, כי בוודאי על מצוה זו נתגלגל**, וכדי שלא ישלים חוקו מנגדו יצרו לבטלה להוציאו מן העולם בידיים ריקניות... ולכן לא תשמע לדברי רשעים אלו, אלא תשמע לדברי חיים.

שער ה' פרק ג' טנת"א

חבר אני לכל אשר יראוך ולשמרי פקודיך. בסוף[11] עץ חיים מובא מספר כללים למהרח"ו, וז"ל - להאר"י זלה"ה. הרמב"ן וחבריו ודברי ראשונים כמו רבי נחוניא בן הקנה לא הזכירו רק עשר ספירות, ולא גילו עניני פרצוף כלל. **ודע שהרמב"ן והראשונים היו יודעים בפרצוף**, אלא שדברו בהעלם גדול, לרוב הגלות שלא ניתן רשות לגלות, ולהתפשט האורות הגדולים, מאחר שגברו הקליפות, וכל זר לא יאכל קדש. **אמנם בעקבות משיחא כמו בדורינו זה התחילו האורות להתפשט להיות כבראשונה**, כמו שהיה בזמן העולם מתוקן ולהתתקן מעט. ומתחלה היו האורות סתומים, היה העולם מקולקל, וכל מה שנתקלקל נסתם בגלות, ולא היו משיגין אלא עשר ספירות בסתום, בסוד הנקודות, כל אחד כלול מעשר, ובענין הפרצופים לא נתגלה להם כלל, לפי שמצאו בדברי הראשונים סתומים, ולא ידעו עומק הדברים, וחשבו שכך הוא ודברו בעשר ספירות כל אחד כלול מעשר ובחינות הרבה, ולפי שראיתי מי שחולק על דברים אלו לאמור שלא מצינו אלא עשר ספירות, ומהיכן יש לשלוט כח לאמור כמה פרצופים שנמצא יותר מעשר ספירות, ומספר רב והלא הראשונים כתבו בספר יצירה - עשר ולא תשע, עשר ולא י"א, לזה באתי לפתוח לך כחודא דמחטא, אולי תזכה להבין מקצת, וכולו לא תשורנו עין, וזהו. ובהקדמתו[12] הקדושה כותב הרב ז"ל - והנה אין בכל דור ודור שלא נמצאו בו אנשים יחידי סגולה ששרתה עליהם רוח הקודש, והיה אליהו הנביא ז"ל נגלה עליהם, **ומלמד אותם סתרי החכמה הזאת**, וכמו שנמצא כתוב בספרי המקובלים, גם בעל ספר הרקנטי כתב בפרשת נשא בפרשת ברכת כהנים..... ואנשי לבב שמעו לי, אל יהרסו אל הוי"ה, **לראות בספרי האחרונים הבנויים על פי השכל האנושי**, ושומע לי ישכון בטח ושאנן מפחד רעה. ולכן אני הכותב הצעיר חיים וויטאל, רציתי לזכות את הרבים **בהעלם נמרץ והמשכילים יבינו**, וקראתי שם החבור הזה על שמי **ספר עץ חיים**, וגם על שם החכמה הזאת העצומה, חכמת הזוהר, הנקרא עץ חיים, ולא עץ הדעת כנזכר לעיל, בעבור כי בחכמה הזאת טועמיה חיים זכו, ויזכו לארצות החיים הנצחיים, **ומעץ החיים הזה ממנו תאכל, ואכל וחי לעולם**. ואשכילך ואורך דרך זו תלך דע מן היום אשר מורי זלה"ה החל לגלות זאת החכמה, **לא זזה ידי מתוך ידו אפילו רגע אחד**, וכל אשר תמצא כתוב באיזה קונטריסים על שמו ז"ל, ויהיה מנגד מה שכתבתי בספר הזה, **טעות גמור הוא, כי לא הבינו דבריו, ואם יש בהם איזה תוספות שאינו חולק עם ספרינו זה, אל תשית לבך בקבע אליו, כי שום אחד מהשומעים את דברי קדשו, לא ירדו לעומק דבריו וכוונתו, ולא הבינום**, בלי שום ספק. ואם יעלה בדעתך לחשוב שתוכל לברור הטוב ולהניח הרע, אל בינתך אל תשען, כי אין הדברים האלו מסורים אל לב האדם כפי שכל אנושי, והסברא בהם סכנה עצומה, ויחשב בכלל קוצץ בנטיעות חס ושלום, לכן הזהרתיך ואל תסתכל בשום קונטרסים הנכתבים בשם מורי זלה"ה, זולתי במה שכתבנו לך בספר הזה, **ודי לך בהתראה זאת**, אלו הם דברי קודשו. ועלינו ללמוד אך ורק בתורת מורינו חיים.

אני קראתיך כי תענני אל הט אזנך לי שמע אמרתי. עוד כתב הרב ז"ל בהקדמתו תנאים כדי לזכות לחכמה הקדושה הזאת, וז"ל - אני הכותב משביע בשמו הגדול יתברך, לכל מי שיפלו

11

ע"ח ח"ב דקי"ט ע"א.

12

ע"ח ד"ד ע"ב.

הקונרטסים אלו לידו, שיקרא הקדמה זאת, ואם אותה נפשו לבוא בחדרת החכמה זאת, יקבל עליו לגמור ולקיים כל מה שאכתוב ויעיד עליו יוצר בראשית, שלא יבוא אליו היזק בגופו ונפשו, ובכל אשר לו, ולא לאחרים. תחת רודפו טוב והבא לטהר ולקרב. **ראשית הכל יראת הוי"ה, להשיג יראת העונש, כי יראת הרוממות, שהוא יראה הפנימית, לא ישיגוהו רק מתוך גדלות החכמה**, ועיקר מגמתו בידיעה הזה יהיה לבער קוצים מן הכרם, כי לכן נקראים העוסקים בחכמה הזאת מחצדי חקלא. **ובודאי שיתעוררו הקליפות נגדו לפתותו ולהחטיאו, לכן יזהר שלא לבוא לידי חטא אפילו שוגג**, שלא יהיה להם שייכות בו, לכן צריך ליזהר מהקלות, כי הקדוש ברוך הוא   מדרדק עם הצדיקים כחוט השערה, לכן צריך לפרוש עצמו מבשר ויין כל ימות השבוע, **וצריך הזהרת סור מרע ועשה טוב**, ובקש שלום צריך להיות רודף שלום, ולא להקפיד על דבר קטן וגדול, וכל שכן שלא יכעוס ח"ו.

<u>וצריך להתרחק בתכלית הריחוק סור מרע.</u>

א. ליזהר בכל דקדוקי מצות, ואפילו בדברי חכמים, שהם בכלל לא תסור.

ב. לתקן המעוות קודם שיבא לעולם הבא.

ג. יזהר מהכעס, אפילו בשעה שמוכיח את בניו, לא יכעוס כלל ועיקר.

ד. גם צריך ליזהר מהגאוה, ובפרט בענין הלכה, כי גדול כחה והגאוה, בזה עון פלילי.

ה. בכל צער שיבא לו, יפשפש במעשיו וישוב אל הוי"ה.

ו. גם יטבול בעת הצורך לו.

ז. גם יקדש את עצמו בתשמיש המטה שלא יהנה.

ח. שלא יעבור כל לילה ויחשוב בכל לילה מה שעשה ביום, ויתודה.

ט. גם ימעט בעסקיו ואם אין לו פרנסה כי אם על ידי משא ומתן, יכין יום שלישי ויום רביעי, מחצי היום ואילך, ובכוונה שהוא לעבודת קונו.

י. כל דבור שאינו של מצוה והכרחי, יהיה זהיר ממנו, ואפילו דבר מצוה ימנע בשעת התפלה.

<u>ועשה טוב</u>

א. לקום בחצי הלילה, ולעשות הסדר בשק ואפר ובכי גדול, ובכוונה כל אשר יוציא בשפתיו. ואחר כך יעסוק בתורה כל זמן שיוכל להיות בלי שינה, ובלבד שחצי שעה קודם עלות השחר יתעורר לעסוק בתורה.

ב. ילך לבית הכנסת קודם עלות השחר, קודם חיוב טלית ותפילין, להיזהר שיהיה מעשרה ראשונים.

ג. קודם שיכנס, ישים אל לבו מצות עשה ואהבת לרעך כמוך, ואחר כך יכנס.

ד. להשלים רמז צדיק בכל יום. שהוא צ' אמנים, ד' קדושות, י' קדישים, ק' ברכות.

ה. שלא להסיח דעתו מהתפילין בעת התפילה, זולת בעת העמידה ועסק התורה.

ו. צריך שיהיה עוסק בתורה, מעוטף בטלית ותפילין.

ז. לכוין בתפלה הכוונות, כמו שנבאר בע"ה.

ח. שישים תמיד נגד עיניו שם בן ארבעה אותיות הוי"ה, ויזדעזע ממנו, כמו שכתוב - שויתי הוי"ה לנגדי תמיד.

ט. שיכוין בכל הברכות, בפרט בברכת הנהנין.

י. צריך שיהיה עמל בתורה פרד"ס, שנאמר או יחזיק במעוזי, ואל יחשוב שיגלו לו רזי התורה
בהיותו ריק, כדכתיב - יהב חכמתא לחכימין, וצריך ליזהר שלא יוציא בשפתיו בחכמה זו, מה
שלא שמע מאדם שראוי לסמוך עליו, וכאזהרת רשב"י וחבריו. השגת החכמה תנאי הראשון,
צריך למעט דבורו, ולשתוק, כל מה שיוכל כדי שלא להוציא שיחה בטילה, כמאמר רז"ל -
סייג לחכמה שתיקה. גם תנאי אחר, על כל דבר תורה שלא תבינהו, תבכה עליו כל מה שתוכל.
גם עלית הנשמה בלילה לעולם העליון, שלא תשוט בהבלי העולם, תלוי שתישן בבכיה. ומרת
עצבות מגונה עד מאוד, ובפרט להשיג חכמה, והשגה אין לך דבר מונע השגה יותר מזה. גם
בענין השגת האדם, אין לך דבר שמועיל כמו הטהרה והטבילה, שיהיה האדם טהור, בכל עת
ומורי זלה"ה עם היות שהיה לו חולי השבר שהקור מזיק לו, עם כל זה לא היה מונע מלטבול
בכל עת, עד כאן דברי קודשו. ועלינו לקיים את בקשת הרב ז"ל את הבחינות של[13] סור מרע
ועשה טוב, כדי לטפס בעץ החיים.

מרן הרש"ש[14] מעיד על עצמו, וז"ל - וראיתי מה שכתבו מעלת כבוד תורתם, על ענין
עבודת הוי"ה שקצרתי במקום שהיה ראוי להרחיב מעט הדיבור, אמת הוא כי לכתחילה קצרתי
בו, **יען ראיתי כמה מהנזק יצא ממה שכתבו בזה המקובלים שקדמו, כי רבים חללים
הפילו, וחלול כבוד הוי"ה, וכבוד התורה. הוי"ה יכפר בעדם, כי כל דבריהם לא על פי
התורה הם, ואינם מיוסדים על האמת, ומהם יצאו אבות, ומאבות תולדות הריסת יסודי
התורה ח"ו,** הוי"ה יכפר. וכל זה **לא שלמדתי בדבריהם ח"ו,** אלא שפעם אחת הוכרחתי
בעל כרחי לעיין בדף אחד שכתוב בו קצור מה שכתבו בענין זה, **וכמעט שקרעתי בגדי
לראות דברים אשר לא כן על הוי"ה.** הוי"ה יכפר, וכבר מילתי אמורה להם, **כי עידי
בשמים כי כל עסקי ולמודי, אינו רק בדברי האר"י זלה"ה, ותלמידו מהרח"ו ז"ל לבדם,
ובלעדם אין לי עסק בשום ספר מספרי המקובלים ראשונים ואחרונים, ואפילו בדברי
שאר תלמידי האר"י ז"ל לא למדתי, וכשיזדמן לפני דבר מדבריהם, אני מדלגו.** כי על כן
איני כמזהיר, אלא כמזכיר, למען הוי"ה אל יהי לכם מגע יד בדבריהם, ובפרט בענין זה,
השמרו לכם פן יפתה לבבכם, **אלא כל לימודם לא יהיה אלא בעץ חיים ובספר מבוא
שערים ובשמונה שערים המפורסמים,** שכולם דברי אלהי"ם חיים. ואני קצרתי בענין זה כל
מה שאפשר, כי יראתי פן יפלו דפים אלו ביד מי שעדיין לא למד דברי האר"י ז"ל כראוי,
ויחשידני שלמדתי בספרים אחרים, ולא כן הוא כאמור, ולכן קצרתי בו, ופיזרתי בהקדמה,
עד כאן דברי קודשו של מרן הרש"ש. ואנחנו תפילה שיתגלה משיח צדיקנו במהרה בימינו,
ומלאה[15] הארץ דעה את הוי"ה כמים לים מכסים, דעת תורת החיים.

13
תהלים ל"ד ט"ו — סור מרע ועשה טוב בקש שלום ורדפהו.
14
נהר שלום דף ל"ד ע"א.
15
ישעיהו י"א ט' — לא ירעו ולא ישחיתו בכל הר קדשי כי מלאה הארץ דעה את הוי"ה כמים לים מכסים.

כתב רבינו גאון הקבלה רבי אליהו מני, רבו של הרי"ח הטוב, רבי יוסף חיים בעל הספר "בן איש חי", בספרו הקדוש **כסא אליהו** כי על הלומד ללמוד כל מאמר ומאמר ארבעה חמשה פעמים בלי המפרשים, וינסה להבין את המאמר בעצמו. ואחר כך ילך לראות אם כיוון לדעת המפרשים.

וכן אני הקטן מבקש בכל לשון של בקשה, ללמוד את הדרוש כמו שהוא מובא בספר עץ חיים, ארבעה חמישה פעמים, כדי לנסות להבין את הדרוש. וכל דרוש מובא בתחילת הספר במלואו.

אחר כך יכנס ללמוד את הדרוש עם ביאור הדברים, עוד ארבעה חמישה פעמים, ואחר כך יראה את המקורות להגהות, ודברי רבותינו הקדושים, עם התרשימים וטבלאות.

ואז יעלה ויצליח בלימוד תורת האר"י החה"י.

כתב רבינו **השד"ה** רבי שאול דוויק הכהן, בהקדמת ספרו איפה שלימה, על אוצרות חיים וז"ל - וכדי שיוכל לעלות לימודו למעלה, ריח ניחוח לה'. קודם כל לימוד ימסור עצמו על קדושת ה', כי זה מועיל מאוד, כמו שכתוב בשער הכוונות דף כ"ד ע"ב, כי עתה בזמנינו בעוונותינו הרבים אין יכולת לעשות זווג כתיקונו למעלה, ולסיבה זו הקץ מתארך וכו'. אמנם עם כל זה יש קצת תיקון במה שנמסור נפשינו על קידוש ה' בכל הלב, כי על ידי כן אפילו אין בנו שום מעשים טובים, והרשענו עד להפליא. הנה על ידי מסירת נפשינו להריגה, מתכפרים עונותינו כולם, ויש בנו יכולת לעלות עד אימא עילאה, כמו שאמרו חז"ל - גדולה תשובה שמגעת עד כסא הכבוד, שנאמר - שובה ישראל עד ה' וכו', עד כאן דבריו.

וזה הסדר

יקבל עליו ארבע מיתות בית דין, מארבעה אותיות הוי"ה וארבעה אותיות אדנ"י, וליחדם על ידי ארבעה אותיות אהי"ה ועל ידי עסמ"ב

סקילה י א וליחדם על ידי א   יוד הי ויו הי

שרפה ה ד וליחדם על ידי ה   יוד הי ואו הי

הרג ו נ וליחדם על ידי י   יוד הא ואו הא

וחנק ה י וליחדם על ידי ה   יוד הה וו הה

לְשֵׁם יֵזוּד

קֻדְשָׁא בְּרִיךְ הוּא וּשְׁכִינְתֵּהּ

יאהדונהי

בִּדְזֵוִילוֹ וּרְזֵוִימוּ   וּרְזֵוִימוּ וּדְזֵוִילוֹ

יאההויהה   איההויהה

לְיַחֲדָא אוֹתִיּוֹת י"ה בּו"ה, בְּיִזוּדָא שְׁלִים

יהו"ה

בְּשֵׁם כָּל יִשְׂרָאֵל, לַאֲקָמָא שְׁכִינְתָּא מֵעַפְרָא, הֲרֵינִי לוֹמֵד בְּסֵפֶר קַבָּלָה פְּלוֹנִי שֶׁהוּא כְּנֶגֶד תִּפְאֶרֶת דז"א בְּעוֹלָם הָאֲצִילוּת שֶׁבּוֹ שֵׁם מ"ה כָּזֶה יוֹ"ד ה"א וָא"ו ה"א לַעֲשׂוֹת מֶרְכָּבָה. וִיהִי רָצוֹן מִלְּפָנֶיךָ ה' אֱלֹהֵינוּ וֵאלֹהֵי אֲבוֹתֵינוּ שֶׁתְּזַכֵּךְ רוּחֵנוּ וּנְפָשֵׁינוּ שֶׁיִּהְיוּ רְאוּיִם לְעוֹרֵר מֵיִן תַּתָּאִין עַל יְדֵי קְרִיאַת סֵפֶר הַקַּבָּלָה הַזֹּאת. וִיהִי נֹעַם יְהוָה אֱלֹהֵינוּ עָלֵינוּ וּמַעֲשֵׂה יָדֵינוּ כּוֹנְנָה עָלֵינוּ וּמַעֲשֵׂה יָדֵינוּ כּוֹנְנֵהוּ.

בָּרוּךְ ה' לְעוֹלָם אָמֵן וְאָמֵן, נֵצַח, סֶלָה, וָעֶד.

שער ה' פרק ג'

כל העולמות נבראו ע"י כ"ב אתוון שבבמלכות אשר מהם)בוצר הולד וגם יש בהם ל"ג(נוצרה וגם יש בה ה' האותיות מנצפ"ך שהם ה"ג היוצאין מז"א אליה ועי"ז נגמר פרצוף רחל. וה"ג הם וכנגדם יש ה' מוצאות הפה והם גרון וחיך וכו' וכמו שהם ה' האותיות מנצפ"ך שהם ה"ג כנודע ונקרא אותיות סתומות ועגולות כן הפה עגולה כמותם וז"ש בתיקונים דף ד' ע"ב כי ה' מוצאות הפה נקרא פתוחי חותם דאמא עלאה והענין כי ה' נקודות יש)נ"א שיש(פתוחי חתם הם נגד ה' מוצאות הפה שהם פתוחים ונפתחים)נ"א נפתחים ופתוחים(ע"י אימא עלאה הנקרא חותם שהוא יסוד שבה הנקרא חותם כנודע כי שם נחתמים ונצטיירין כל הציורין ומכח ה"ג שבחותם דילה נפתחו אלו ה' מוצאות הפה הנקרא פתוחי חותם נמצא כי שורש ה' מוצאות נעשה מה"ג דמנצפ"ך ואז יצאו מה' מוצאות כל הכ"ב אותיות בסוד אחע"ה כו' הנחלקים לה' חלקים ויען הם נמשכין מגבורה שהם בחינת מל' הנקרא נפש ולכן האותיות נקרא נפש כנודע וכנזכר בתיקונים דע"א גם בזה תבין איך כל המקיפין נמשכין מבינה כי היא נקראת פום ממלל רברבן. גם נתבאר בזה מ"ש בפ' משפטים דקכ"ג דעת גניז בפומא דמלכא כי ה' גבורו' של דעת נגנזו בפה בסוד ה' מוצאות הפה כנ"ל וכללות הפה נעשה מהם והם נגנזו שם. גם אמרו גנוז, הוא כי ברצונו מוציא גניזת האותיות הנ"ל בסוד קול ודבור מהפה ולחוץ וכשרוצה נשארים גנוזות בפנים בסוד נאלמתי דומיה. גם בזה יתורצו ב' המאמרים מחולקים בתיקונים אחד אומר שאותיות יצאו מבינה מחותם שלה בסוד פתוחי חותם והב' אומר שיצאו מפומא דז"א וב' צדקו. כי היסוד דאמא הוא בפומא דז"א ומשם יצאו האותיות. ודע כי מוחין ואימא הם בחי' כ"ב אתוון ומהם נעשו כל הכלים דאו"א וזו"ן כמ"ש בע"ה והנה תראה כי או"א להיותן יותר גדולים עד מאד מזו"ן לכן נטלו ט"ו אותיות ונעשו כלים להם כמ"ש במ"א והענין הוא שאו"א הם ב' אותיות י"ה משם הוי"ה גימטריא ט"ו אך הזו"ן נטלו ז' אותיות לבד כי הם ז' מלכים כנזכר במ"א.

והנה הזווג שבסוד האותיות)והוא וזה(הוא להחיות העולמות ובסוד הנקודות)והוא וזה(הוא לנשמות והענין כי זווג הנקודות הם חכמה דאבא עם חכמה דאמא, והאותיות הוא בינה דאבא עם בינה דאמא)והנה ל"ג(כי ב' מיני זווגים הם, א' להחיות העולמות, וא' לנשמות, וגם)החיות ל"ג(אותו זווג דחיות יועיל לחדש הנשמות ישנות שנאצלו בבריאת עולם.

 פרק ג'

דרוש זה מקורו מספר קהילת יעקב וצריך לכתוב מ"ב בראש הדרוש.

את הדרוש הזה, ואת הדרושים הבאים שבשער טנת"א שהם הפרקים ג' ד' ה' ו' ז', יש ללמוד אחרי שגומרים ללמוד את כל החלק הראשון של עץ חיים. דרושים אלו הם סוגיות יותר מתקדמות בע"ח, וסוגיות בספר יצירה ואין להם קשר עם סוגית טנת"א או אורות האח"פ. עם כל זאת בגלל ששער זה הוא שער טנת"א, ובטנת"א יש אותיות, הרב המקובל רבי מאיר פאפרוש כץ אשכנזי זלה"ה שסידר את ספר עץ חיים, הכניס את הדרושים הקשורים לסוד האותיות בשער זה. דרושים אלו הם בעיקר באורים על סוגיות בספר יצירה.

כל[16] [17]**הָעוֹלָמוֹת** בריאה, יצירה, ועשיה **נִבְרְאוּ**[18] **עַל יְדֵי כ"ב**[19] **אַתְוָן** אותיות **שֶׁבְּמֵלְכוּת דּאֲצִילוּת**[20], שהיא נוקבא דז"א דאצילות[21] והיא רחל עקרת הבית, **אֲשֶׁר** גם **מֵהֶם** (**נוֹצָר הַוָּלָד וְגַם יֵש**

---

[16]

הגהות וביאורים)ז(- עיין בשער כ"ה דרוש ב' מהיכן נתהוו אלו הה' מוצאות.

[17]

בית לחם יהודה ש"ה פ"ג - כל העולמות. של בי"ע.

[18]

בית לחם יהודה ש"ה פ"ג - נבראו על ידי כ"ב אתון. דביסוד המלכות שהיא נוקבא דאצילות, כי כל ג' עולמות בי"ע הם חיילות המלכות וצבאיה, כמבואר במבוא שערים דט"ו סוף ע"ד, יעו"ש.

[19]

ע"ח ח"ב של"ה פ"ג מ"ת דנ"ב ע"ג – אך הענין הוא כי הלא כל האברים כולם השאור שבעיסתן, **הם כ"ב אתוון, שהם סוד האבנים שמהם נבנית הבית**, וכבר ידעת ששיש **בתורה כ"ז אותיות שהם כ"ב אותיות, וחמשה כפולות**. ואמנם כשנצטיירה המלכות ונתן בה הכ"ב אותיות, הנה האירו ונחתמו הכ"ב אותיות ביסוד שלה, ושם נשאר רשומן, ועל דרך זה כ"ב אתוון דדכורא נרשמים ביסוד שלו, כמו שכתב וישכב במקום ההוא וי"ש כ"ב אותיות כנזכר בזוהר, ומשם הטפה יוצאה כלולה מכ"ב אתוון גם ביסוד דנוקבא, נרשמין כ"ב אתוון דידה, ועל כן יש כח ביסוד שלה לקבל שם הטפה ולציירה שם.

[20]

מבוא שערים ש"ב חלק ג' פ"ח - וגם כן כל ג' חלקי עולמות אלו בי"ע כולם הם בחינת הנוקבא, ואין בהם דכורא כלל ואף הדכורא שבהן אינם אלא כח הנוקבא כנודע, **כי כולם חילות וצבאות המלכות**, והם כולם נעשים מאלו הבירורים דז' מלכים על דרך הנזכר.

[21]

נוקבא דז"א דאצילות, נקראת בדברי הרב ז"ל **רחל עקרת הבית**, ונפרטת לעשר ספירות פרטיות, והיא אשת ז"א. והיא בפרצוף האחרון במערכת פרצופי האצילות. וביסוד שלה יש את בחינת כ"ב האותיות, וכל טיפה שממנה נוצר הולד כוללת את כל כ"ב האותיות, והם סוד הכלים של אותה טיפה.

תרשים ג – א.

עוד צריך לדעת כי חיצוניות של כל שעור קומה, שהוא בינת הכלים של אותו שעור קומה, הם כ"ב אותיות.

ע"ח ש"א פ"ה די"ד ע"ד - עוד צריך שנקדים לך הקדמה אחת, והוא כי כל הי"ס הכוללות כל עולם ועולם, הנה בכללות יחד כולם כאחד בחינת הוי"ה אחד בכל מקום, שהוא בין בכללות בין בפרטות כנ"ל. יוצא מכל אות ואות מהם הוי"ה אחד, והנה קוצו של יו"ד שבאותיות הוי"ה הוא ספירת כתר, ויו"ד עצמה הוא בחינת חכמה, וה' ראשונה בינה, והו' הוא הת"ת כולל ו' ספירן, אשר כללותם נקרא בשם ז"א, כמו שנכתוב במקומו

בהם ל"ג) נ֫וצ֫רה[22] המלכות עצמה, כי גם המלכות היא בעלת שעור קומה של י' ספירות, וחיצוניות שעור קומה זה הם כ"ב האותיות הפרטים שלה, כמו כל חיצוניות של כל שעור קומה[23], רק שיש הבדל בין האברים של הזכר לנקבה, כאשר לזכר יש רמ"ח אברים, ולנקבה רנ"ב[24], **וג֫ם**[25] **יש' ב֫ה** ר"ל במלכות **ה' אותיות מנ֫צ֫פ֫"ך**

בע"ה, והה' אחרונה מלכות הנקרא אצלינו **נוק' דז"א**, וכל זה הוא בדרך הוי"ה הכוללת הה' פרצופים יחד, כנ"ל.

ע"ח ש"ח פ"ו מ"ת דל"ט ע"ב - וכבר ידעת כי הטפה המצ֫יירת הולד, ומגדיל והוא הבחינה זו)נ"א זהו החו"ג(החו"ג, **ואלו הם סוד האותיות, שמהם נוצר הולד, ועוד כי האותיות תמיד לעולם הם בחינת הכלים**, כנודע.

ע"ח ח"ב של"ה פ"ג דנ"ב ע"ג - אך הענין הוא כי הלא כל **האברים כולם השאור שבעיסתן הם כ"ב אותון, שהם סוד האבנים שמהם נבנית הבית**, וכבר ידעת שיש בתורה כ"ז אותיות, שהם כ"ב אותיות, וחמשה כפולות. ואמנם כשנצטיירה המלכות ונתן בה הכ"ב אותיות, הנה האירו ונחתמו **הכ"ב אותיות ביסוד שלה**, ושם נשאר רשומן, ועל דרך זה כ"ב אתוון דדכורא נרשמים ביסוד שלו, כמו שכתב וישכב במקום ההוא, וי"ש כ"ב אותיות, כנזכר בזוהר, ומשם הטפה יוצאה כלולה מכ"ב אתוון. גם ביסוד דנוקבא נרשמין כ"ב אתוון דידה, ועל כן יש כח ביסוד שלה לקבל שם הטפה ולציירה שם.
22

בית לחם יהודה ש"ה פ"ג - אשר מהם נוצרה. כמו שכתוב בפרק ב')צ"ל פרק ג'(דשער ל"ה, וז"ל - וכבר ידעת שיש בתורה כ"ז אותיות, שהם כ"ב אותיות, וה' כפולות, ואמנם כשנצטיירה המלכות וניתן בה הכ"ב אותיות, הנה האירו ונחתמו הכ"ב אותיות ביסוד שלה, ושם נשאר רישומם. ועל דרך זה כ"ב אתוון דוכורא נרשמים ביסוד שלו, כמו שכתוב וישכב במקום ההוא, **ויש כ"ב** אותיות, כנזכר בו, ומשם הטפה יוצאה כלולה מכ"ב אתוון. גם ביסוד דנוקבא נרשמים כ"ב אתוון דידה, ועל כן יש כח ביסוד שלה לקבל שם הטפה ולציירה שם יעו"ש. הראת לדעת שיש כ"ב אתוון ביסוד הנוקבא, שעל ידם מצטיירים הנבראים, וגם היא עצמה נוצרה מהכ"ב אתוון שביסוד אימא.
23

כל שעור קומה הוא בעל כ"ב אותיות, עם כל זה אין שעור קומה זה דומה לזה, כי כל שעור קומה הוא בעל צירופי אותיות שונה.

ע"ח ש"ג פ"ב דט"ז ע"ב - וזהו ענין חכמת הצירוף כ"ב אותיות א"ב, אל"ף עם כולם וכולם עם אל"ף, וכיוצא בשאר האותיות, והם הם גורמים השינוי, שאין לך יום שדומה לחבירו, **ואין צדיק דומה לחבירו, ואין בריה דומה לחבירתה,** וכל הנבראים כולם לצורך גבוה, כי אין יניקת כולם שוה, אף לא תיקון כולם שוה, ותתקן החלבנה בקטורת מה שלא תתקן הלבונה, לכן היה צריך באלו העולמות טוב, ורע, ובינוני, ובכל אחד מינים לאין קץ.
24

לנקבה יש ד' אברים נוספים על הזכר, שהם ב' דלתות ובב' צירים ברחם שלה.

גמרא בכורות דמ"ה ע"א - אמר רבי יהודה, אמר שמואל, מעשה בתלמידיו של רבי ישמעאל ששלקו זונה אחת שנתחייבה שריפה למלך, בדקו ומצאו בה מאתים וחמשים ושנים, אמר להם שמא באשה בדקתם, שהוסיף לה הכתוב שני צירים ושני דלתות, תניא רבי אליעזר אומר, כשם שצירים לבית, כך צירים לאשה, שנאמר ותכרע ותלד כי נהפכו עליה ציריה, רבי יהושוע אומר כשם שדלתות לבית, כך דלתות לאשה, שנאמר כי לא סגר דלתי בטני.

ע"ח ח"ב של"ה פ"ג דנ"ב ע"ג - ועתה נבאר מציאת אלו החותמות, והענין כי הלא אמרו בגמרא שיש דלתות ברחם האשה. כמו שכתוב כי לא סגר דלתי בטני, ויש צירים לאשה כמו שכתב כי נהפכו עליה ציריה. והענין כי כמו שבחומת העיר יש דלתות וצירים, כן בחומת המלכות הנקרא חותם, יש שם צירין ודלתות.
25

בית לחם יהודה ש"ה פ"ג - וגם יש בה ה' אותיות מנצפ"ך שהם ה"ג היוצאים מז"א אליה. מבואר בפרק ב' דשער ל"ד כלל כ', וז"ל - כבר ביארנו במקום אחר ענין הגדלת הנוקבא, ואמנם דרך כלל הוא כי אז מאחורי התפארת האירו בה ה"ח וה"ג, ויצאו וניתנו בה, וגם שם היו בבחינת צלם על ראשה, והיו נכנסין בי"ג שנים כנודע, ואז הה"ח ניתנו בג"ר שבה)כמו כן כתב בריש פרק ה' דשער ל"ה(להגדילה מבחינת נקודה, אל מדה

חוץ מכ"ב האותיות[26], **שהם ה' גבורות היוצאין מז"א** שהוא בן זווגה כדי לבנות אותה[27], **ועל**[28] **ידי זה נגמר** להבנות **פרצוף רזל** עקרת הבית. **וזזמשה גבורות הם** אותיות

שלימה)שהיא כמדת התפארת דז"א(, והגבורות הגדילו שאר גופה, באופן שנעשת י' ספירות שלימות, יעו"ש. והיינו מאי דקאמר הכא וגם יש בה ה' האותיות מנצפ"ך. כי מלבד הכ"ב אתוון שגופה נוצר מהם, יש בה גם כן ה' אותיות מנצפ"ך, שהם הה"ג היוצאים מז"א אליה בהיותם אחור באחור.
26

בכ"ב האותיות יש את אותיות מנצפ"ך, ואלו נקראים אותיות סתומות. הרב ז"ל מדבר כאן על אותיות הסופיות הנכתבות בצורה זאת מן[ןף]"ך, ונקראות פשוטות.
תרשים ג – ב.
וכן הוא בסדור הטהור לרש"ש
תרשים ג – ג.
27

ז"א משלים את הנוקבא, ומתקן לה את כלי היסוד שלה, על ידי שנותן בה ה"ג מנצפ"ך כדי שהיא תוכל להביא תולדות לעולם. הגמרא רומזת סוד ה"ג הניתנים לנוק' בבגדי פשתן, וידוע כי פשתן הוא בחינת גבורות, לאפוקי צמר שהוא בחינת חסדים, בסוד קורבן קין והבל.
גמרא כתובות דנ"ט ע"ב - דתני רבי חייא, אין אשה אלא ליופי, ותני רבי חייא אין אשה אלא לתכשיטי אשה, ותני רבי חייא **הרוצה שיעדן את אשתו ילבישנה כלי פשתן.**
ע"ח ח"ב של"ד פ"ב כלל כ' דמ"ז ע"ב – כבר בארנו במקום אחר ענין הגדלת נקבה, ואמנם דרך כלל הוא כי אז מאחורי תת"ת האירו [בה] ה"ח וה"ג, ויצאו וניתנו בה, וגם שם היה בבחינת צלם על ראשה, והיו נכנסין בי"ב שנים כנודע. ואז ה"ח ניתנו בג"ר שבה להגדילה מבחינת נקודה אל מדה שלימה, והגבורות הדילו שאר גופה, באופן שנעשה י' ספירות שלימות, ופרצוף שלם. וירדו ה"ג הרושם שלהם והארתם שם ביסוד שלה, דוגמת הארת ה"ח ביסוד דז"א. והנה כל האברים נעשו ונצטיירו בכ"ב אתוון כנודע, כי גוף הוא מן האותיות, לכן הארת כ"ב אתון דכורין שמהם נצטייר עצמותו לצורך גופו עצמו, נתקבצו ביסוד שבו, ונעשה כלי והארת כ"ב אתוון דנוקבא [שבה], שמהן עצמן נצטייר עצמות גופא נתקבצו ביסוד שבה, ונעשה בה כלי, והנה ה' אותיות מנצפ"ך הן ה"ג הנקבות היתרות, וה' אותיות מנצפ"ך הנקבות היתרות, הם מ"ן שבתוך היסוד ששלה שנעשה מכ"ב אתון דילה, והם ה"ג. וכל זה לוקח במוחין דגדלות קודם הנסירה. והרי יש עתה דלת אחד, וציר אחד, מהכ"ב אתון דילה, ומ"ן פשוטים ממנצפ"ך ביסוד שלה, כל זה קודם הנסירה הנזכר במקום אחר. ונמצא כי מן הארת כ"ב אותיות דדכורא, שהם האברים שלו ממש, נעשה כלי דיסוד דכורא, ומהארת ה"ח עצמם המגדלין את האברין, נעשו מ"ד. וכן בנוקבא מהארת כ"ב אותיות שהם האיברים עצמן שלה, נעשה יסוד כלי שלה, ומהארת ה"ג שלה נעשה מ"ן שבה.
נהר שלום דמ"ד ע"ג - הכלי דמ"ן דנוק' הוא בחינת כ"ב אתוון, וה"ג מנצפ"ך, הם המ"ן. וכשזו"ן אחור באחור אז נתן לה כ"ב אתוון ומנצפ"ך אחד, ומהם נעשו דלת אחד, וחצי הכלי דמ"ן, וחצי המ"ן. ובנסירה לוקחת כ"ב אתוון אחרות, ושורש המנצפ"ך עצמן ולא הארתם, והם ה' דמים טהורים גבורות ממותקות, ונשלמו דלת הב' וחצי הכלי ,וחצי המ"ן. וצ"ע מה נתחדש בביאה א', שכבר נשלם הכלי והמ"ן בעת הנסירה, עיין שער מ"ד מ"ן פרק י"ב.
שער המצות, פרשת קדושים - וענין השעטנז, בו יתבאר ענין חטא קין והבל, ובו יתבאר ענין צמר ופשתים מה ענינם. הנה רז"ל [בבא מציעא דק"ט] אמרו – החוכר שדה מחברו לז' שנים, לא יזרענה פשתן, מפני שהפשתן לוקח כח הקרקע עד שבע שנים ומכחישה. והענין כפי הסוד הוא כי פשתן נקרא עץ, כמו שכתוב ותטמנם בפשתי העץ, והוא בבחינת המלכות, כמו שכתוב – ויבא קין מפרי האדמה מנחה לה', וארז"ל שהביא זרע פשתן. ידע כי כל בחינת צומח, ודשאים, ואילנות כולם הם במלכות דעולם היצירה, זה ענין הוא כי הפשתן הוא בחינת ההוא רוחא דשבק בעלה באיתתא בביאה קדמאה לעשותה כלי, והוא הוי"ה דב"ן דמילוי ההי"ן והוא ביסוד שבנקבה דיצירה, ולכן הפשתן נקרא עץ כנזכר. והנה קין מן הנוקבא מ"ן עלה אל ז"א בבחינת הוי"ה זו דב"ן הנקרא פשתן כנזכר, והנה ענין הוי"ה זו היא תכלית לעולם להעלות מ"ן אלו כדי לקבל אור עליון הנקרא מ"ד, ושניהם ישארו בנוקבא מ"ן ומ"ד. אמנם קין לא העלה מ"ן אלו לתכלית זה, אלא

מנצפ"ך[29], **וכנגדם יש חמשה מוצאות הפה** שבהם תלויות כ"ב האותיות, וכל מוצא אחד ממוצאות הפה תלויה קבוצת אותיות שהמאציל קבע, **והם**[30] **גרון, וחיך, לשון, שינים, שפתיים, וכו'** וממוצאות הפה תלויות כ"ב האותיות[31]. **וכמו שהם ה' אותיות מנצפ"ך שהם ה"ג** והם פ"ר דינים **כנודע, ונקרא**[32] צ"ל ונקראים **אותיות סתומות ועגולות** והם לא אותיות מנצפ"ך שבאות בסוף

כוונתו היתה לעקרן מן הנקבה ולהחזירם לשורשם בז"א עצמו, שנתנו בה. ולכן הקריב פשתן שמכחשת כח הקרקע בשבע שנים הנזכר, והוא ענין שם ב"ן הנזכר הנקרא כח הקרקע, שהיא מלכות דיצירה, והפשתן מכחיש כל השבעה תתתונות שבה, הנקראים שבע שנים, וזה אומרו – ויבא קין מפרי האדמה, ר"ל מאותו פרי הנקרא פרי האדמה מיוחס אליה, לסיבת היותו יונק כל כח האדמה ועוקרו ממנה, ומכחיש אותה, וממילה זו דקדקו רז"ל שהיה זרע פשתן, והעלהו מנחה לה' שהוא ז"א, והחזירו לשורשו, והוסר כח הוי"ה זו דב"ן מן הנקבה, וזה היה חטאו של קין. ואמנם הבל רצה לתקן פגמו של קין, וזה שכתוב – והבל הביא גם הוא וגו', אחרי חטאו של אחיו מבכורות צאנו וגו'. והענין הוא כמ"ש כמה תחלה מהיכן נמשך ההוא רוחא שנתן ז"א בנוקבא בביאה קדמאה הנקרא דעת כנודע אצלינו. והנה היא נמשך מן דעת העליון, הנקרא מזלא קדישא, דדיקנא קדישא דא"א אשר ע"י מזדווגים או"א כנודע, ומשם נוסף כח בז"א ואז מזדווג בנוקבא ונותנו בה, כמבואר אצלינו באורך בענין קריאת שמע שעל המטה, וע"ש.
28

בית לחם יהודה ש"ה פ"ג - ועל ידי זה נגמר פרצוף רחל. כלומר אף על פי שהארת ההה"ח כבר הגדילו את ג"ר דנוקבא, מכל מקום גמר הגדלת הז"ת שלה, אינו כי אם על ידי מנצפ"ך, שהם ההה"ג, ולכן על ידי הה"ג נגמר פרצוף רחל.
29

שורש ה' הגבורות הוא בבינה, שממנה דינים מתערין, ושורש הבינה היא אות ה' עילאה דהוי"ה הרומזת לחמש גבורות, והיא שורש לשם אלהי"ם, ושם אלהי"ם הוא בעל חמש אותיות. גם הגימטריא של מנצפ"ך הוא פ"ר, הרומזים לפ"ר דינים הנזכרים בזהר הקדוש, ובדברי הרב ז"ל.
ע"ח ש"ה פ"ה דכ"ג ע"ב – וזה שכתוב כי לשלג יאמר הוי ארץ, נמצא כי מעכירת המים שבחכמה יצא חומר האותיות(הראשון, הנקרא תהו, ואחר כך נותן בבינה, ונצטיירו במעי אמא ע"י חומר שבה גם כן שהוא אפר של אש, כי)כמו ל"ג(המים מימין שהוא חכמה, וממנו יצא מעכירותיו הכ"ב אתוון ובהם ה"ח של מנצפ"ך הפשוטים הראשונים, ונעשה עפר לובן מעכירות השלג, לובן שבלבונן שהוא חכמה, בסוד כי לשלג יאמר הוי ארץ. אך האש הוא בבינה, ומעכירותה ושמריה יצא חומר הנקרא אודם, והם **ה' אותיות מנצפ"ך כפולים, שהם ה"ג גימטריא אפ"ר**, כי אפר עכירות שמרי האש הוא, ואז נצטייר גוף הולד, ז"א במעי אמא בכ"ב אותיות דכורין, וה' אותיות מנצפ"ך הכפולים נוקבין, ומהם נוצר הולד.
30

סדר מוצאות הפה הוא מפנימיות לחיצוניות, כאשר הגרון הוא הפנימי ביותר, ושני לו החיך, לשון, שינים, שפתיים, כנזכר בסידור הרש"ש בכוונות המרכבה.
תרשים ג – ד.
31

מוצאות הפה הם לא האותיות עצמם, אלא הם שכ"ב האותיות תלוים במוצאות אלו, כאשר במוצא הגרון תלויות אותיות אחע"ה, במוצא החיך תלויות אותיות גיכ"ק, במוצא הלשון תלויות אותיות דטלנ"ת, במוצא השינים תלויות אותיות זסשר"ץ, ובמוצא השפתיים תלויות אותיות בומ"ף.
תרשים ג – ה.
32

בית לחם יהודה ש"ה פ"ג - ונקראים אותיות סתומות ועגולות. לא ידענא אמאי נקראים סתומות ועגולות, דאי משום מ"ם סתומה, הלא גם בכ"ב אתוון יש אות סמך. ועוד הלא מ"ם סתומה היא מרובעת ולא עגולה, ועיין בפרק ה' דשער כ'ה בריש דרוש ב' דמ"ק, שכתב וז"ל – סוד אותיות מנצפ"ך כפולות פתוחות, וסתומות, והטעם כי הפתוחות הם ה"ח, שהם פתוחות להשפיע, וסתומות הם גבורות, והם דין, יעו"ש. הרי שרז"ל גופיה

התיבה, אלא אותיות מנצפ"ך הבאות באמצע או בתחילת התיבה[33], **כן הפה עגולה כמותם** ר"ל כמו אותיות מנצפ"ך האמצעיות, שצורתם כמו בית קיבול. **וזה שכתוב בתיקונים**[34] **דף ד' ע"ב, כי ה' מוצאות הפה נקרא פתוחי זוותם דאמא עלאה. והענין כי ה' נקודות יש** (נ"א שיש) בתיבות **פתוחי זוותם** שהם – חיריק, שורוק, צרי, חולם, קמץ, **הם נגד ה' מוצאות הפה,** כי כאשר הפה סתום כל כ"ב האותיות ואותיות המנצפ"ך הם נעלמות, אבל **שהם**[35] ר"ל

נתן טעם אמאי אלו נקראים פתוחות, ואלו נקראים סתומות, ועוד נל"פ)נראה לי פירשו(שנקראים סתומות, על שם שהם סתומים וגנוזים בפה דז"א, כמו שכתב בסמוך בסוד נאלמתי דומיה. ועיין עוד בריש פרק ב' דשער כ"ה במ"ק. משמן ששון טעם אחר, אבל עדין צריך טעם אמאי נקראו עגולות.
33

יש מחלוקת בין המקובלים לאיזה אותיות מתכוון שהוא הרב ז"ל כותב סתומות, האם לאותיות הסופיות שהם מנצפ"ך, או לאותיות שבאים באמצע התיבה שהם מנצפ"כ. יש מפרשים שאותיות הסופיות דמנצפ"ך נקראות פתוחות, ואותיות מנצפ"ך הנמצאות בתחילת או באמצע התיבה נקראות סתומות. כך מובא בסידור הרש"ש, ובספר בניהו בן יהוידע – כוונות פרטיות. הרב כרם שלמה מפרש שהאותיות הסופיות נקראות סתומות.
תרשים ג – ו.
הלכה למעשה האותיות הפתוחות הם האותיות מנצפ"ך הסופיות, והסתומות הם אותיות מנצפ"ך הבאות באמצע או בתחילת התיבה, כמו שסידר מר"ן הרש"ש בסידורו הטהור.
ע"ח ח"ב שכ"ה דרוש ב' מ"ק ד"ד ע"ג – סדר(אותיות)מנצפ"ך כפולות פתוחות וסתומות, והטעם כי הפתוחות הם ה' חסדים שהם פתוחות להשפיע, וסתומות הם גבורות והם דין. דע כי ה' מוצאות הפה הכוללת כל כ"ב אתוון שהם אחע"ה בומ"ף גיכ"ק דטלנ"ת זסשר"ץ כל מוצא כלול באות א' של מנצפ"ך.
פאת השדה הגהות על עץ חיים שכ"ה דרוש ב' דף ס"ז – נראה לי פירוש שהם חסדים, הם הבאות בסוף התיבה, וכיון שבאות בסוף התיבה נקראו פתוחות. והבאים באמצע התיבה נקראים סתומות, לפי שהם סתומות בתוך התיבה, ואין מקום מרווח אחריהן, אבל הבאות בסוף התיבה נקראו פתוחות לפי שיש ריוח אחריהן. ודומה לזה מה שאנחנו קורין לפרשיות פתוחות וסתומות, שהרי פרשה שיש אחריה ריוח, והפרשה שאחריה מתחילה בשורה חדשה, היא נקראת פתוחה. ופרשה שאין אחריה ריוח נקראת סתומה.
כרם שלמה חלק ב' שער טנת"א פרק ג' אות ג' - ולזה כתב הרב ז"ל בכאן אותיות סתומות ועגולות, לכן הפה עגולה כמותם וכו'. הבן והסתכל במה שכתב ונקרא סתומות ועגולות, ולא כתב וצורתם עגולות וסתומות, אלא כוונתו כמש"ל שזו הצורה שלהם כזה **מ ן ץ ף ך** אלו נקראים עגולות וסתומות, ולזה כשהביא ראיה מן הפה אמר כן הפה עגולה כמותם, דקדק לומר כמותם, ר"ל הפה אימתי הוא עגול, כשהוא פתוח דוקא, ולא תמיד שהוא דק וארוך כמו **הן'** ויש בו מדרגות, כשהוא פתוח מעט דומה **לך'**, וכשהוא יותר פתוח דומה **ליך'**, וכשהוא יותר עוד דומה **לף'**, וכשהוא פתוח לגמרי אז דומה **לם'**. וזהו מלת כמותם, פירוש כמו ה - **מ ן ץ ף ך** שיש בהם כפי ראות עיננו צורת סתומות ועגולות, ויש בהם אינם עגולות, ובאמת כולם הם נקראים עגולות וסתומות, כן הפה הוא כמותם, שיש בו זמן עגול לגמרי, ויש בו זמן אינו עגול לגמרי, ועם כל זה נקרא כולו עגול בכל זמן תמיד, והוא דומה להם ממש כי הוא מקורם, כמו שכתב הרב ז"ל לקמן בשער כ"ה פ"ב, כי אלו הה' אותיות דמנצפ"ך הכפולים הם ה' אותיות אלהי"ם, ואלהי"ם גימטריא פ"ו, ולכן הפה שהוא כולל כל ה' מוצאות, הוא אלהי"ם פשוט, גימטריה פ"ה עם הכולל של הפה וכו'.
34

הקדמת תיקוני הזהר ד"ד ע"ב - וארא מראות אלהי"ם, חמש אור דיומא קדמאה לקבל ה' קדמאה, כלילא מחמש אור דאיהו א א א א א פתוחי חותם קדש להוי"ה.
35

בית לחם יהודה ש"ה פ"ג - שהם נפתחים על ידי אימא עלאה הנקראת חותם. כי בהיות הז"א בסוד דורמיטא היה פיו סתום, ועל ידי חזרת המוחין המתלבשין בנה"י דאימא, אז מכח ריבוי אורות החו"ג שביסוד אימא נבקע פומא דז"א, ויוצאים מן הפה ולחוץ הארת ה"ג בסוד ז' הבלים דקהלת, ולכן ה' מוצאות הפה הם נקראים

מוצאות הפה **פִתוזזים וְנִפתזזים** אז מתגלים האותיות על ידי הקול היוצא ממוצאות אלו, ועל ידי שהאדם חותך את הקול, שהוא בחינה יותר רוחנית מהדיבור, כי הדיבור הוא בחינת כלים, יוצאים האותיות והתיבות מהפה[36] **(נ"א נפתזזים ופתוזזים),** וכל זה נעשה **עַל יְדֵי אִימָא עִלָּאָה**[37] שיש ביסוד שלה ה"ג, הנקראים הטיפה הזרעית, ובלי ה"ג אלו היא לא יכולה להביא תולדות לעולם[38] **הַנִּקְרָא זוותם, שֶׁהוּא**[39] יסוד עצבה

פתוחי חותם, כי הם נפתחים על ידי יסוד אימא הנקרא חותם, כמבואר בפרק ב' דשער כ"ה, ובשער הכוונות בדרוש י"א דעומר, יעו"ש.
36

וזה נקרא כושר הדיבור, היכולת של האדם לדבר. הפך האדם שהוא אלם ב"מ, שאין ביכולתו להוציא את האותיות מהכח לפועל על ידי מוצאות הפה שלו.
37

הגהות וביאורים)ח(- עיין בשער הכוונות דרוש ה' מדרושי העומר.
38

כאשר אימא יורדת להשפיע שפע בתוך ז"א, נצח והוד שלה מתלבשים תוך חח"ן בג"ה דז"א, בגלל שהיסוד דאימא קצר, הוא מתלבש בדעת דז"א, ומתפשט עד שליש העליון דתפארת דז"א, לאפוקי יסוד דאבא שהוא ארוך ומתפשט עד יסוד דז"א. כאשר היסוד דאימא מתפשט עד השליש העליון של התפארת דז"א כדי להשפיע, בסוד יש מפזר ונוסף עוד, הוא מתלבש בדעת דז"א ועובר דרך הגרון דז"א, בסוד מעבר היב"ק, ושם מקום הגלוי של יסוד דאימא, וכנגד הגרון נמצא פה דז"א, ה"ג דאימא הם עושות את ה' מוצאות הפה, וכאשר ה"ג אלו מתפשטות יותר, יש לאדם את כח הדיבור. וכל זה הוא ענין פתוחי חותם, כי החותם הוא היסוד דאימא, וכאשר הוא נפתח הוא משפיע שפע לז"א. בלשון אחר פתוחי חותם הוא פתיחת היסוד דאימא. הסיבה שיסוד דאימא נקרא חותם הוא כי שם ש' אהי"ה הוא באימא, ולשם זה ג' מילואים ביודי"ן, אלפי"ן וההי"ן, כאשר שמות אלו מתפשטים בז"א, והגמטריא של שלושת השמות האלו הוא חותם, הרב ז"ל מבאר את סוד ג' השמות הקדושים האלו, בדרושי יום הכיפורים בסוגיית **חותמנו לחיים.** ויש עוד כמה סיבות שבחינת יסוד דאימא נקרא חותם.
תרשים ג – ז.
שער הכוונות, דרושי פסח, דרוש י"א - ובזה תבין מה שכתוב בתיקונים תיקון ע', בענין ה' מוצאות הפה, הנקראים פתוחי חותם, דא אימא עילאה כו', והענין הוא כי כיון שפתיחת הפה נבקעת מחמת ה' גבורות מנצפ"ך כנ"ל, הנה הם עצמן ה' מוצאות הפה, והם סוד הכ"ב אותיות אחע"ה בומ"ף כו' כנודע, כי האותיות נפקא מבינה כנזכר בהקדמת ספר התיקונים, גם שם נתבאר כי האותיות נקראות נפש. והטעם הוא כי להיותם מבחינת הגבורה שהם עטרא דמלכות הנקרא נפש, לכן גם הם נקראים נפש. ובזה יתייישבו ב' מאמרים הנזכרים בספר הזהר, שהמאמר הא יראה כי אותיות הם יוצאים מן הפה, וממאמר אחר הב' יראה כי הם יוצאים מן חותם אימא עילאה, ושניהם הם אמיתים, כי הנה האותיות הם בחינת הגבורות הנתונים תוך היסוד דאימא עילאה, ומתלבשת בז"א, ואלו הגבורות הם הנקראים חותם דאימא עילאה, כמבואר אצלנו בהרבה מקומות, אם בענין הצלם דהושענא רבא הנקרא ליל החותם, ואם בענין משז"ל באותם הד' דברים הנקראים חבי"ת, שצריכים חותם בתוך חותם, והם יסוד ומלכות שבה, שהם ב' החתומות הנזכרות. והנה היסוד דאימא מלובש בפומא דז"א, ושם נבקע ויוצא ממנו אלו הכ"ב אותיות, שהם בחינת הה"ג כנ"ל, ונמצא כל דבריהם אמת. גם בזה תבין מה שכתוב בפרשת משפטים כי דעת גניז בפומא דמלכא, פירוש כי הדעת הוא בחינת עטרא דגבורות והחסדים, והוא מלובש ביסוד דאימא, ונבקע ויוצא עטרא דגבורה דרך הפה ולחוץ, וכשהוא רוצה לדבר מוציאן לחוץ בסוד קול ודיבור, שהוא בחינת אור המקיף כמבואר אצלנו, כי כל הבל הפה הוא אור המקיף, ולפעמים נשארים בפנים ואינם יוצאים, ואז כתיב נאלמתי דומיה כו'. והנה ה' אותיות מנצפ"ך הם שורש הה"ג, ולכן הם אותיויות סתומות כנודע, כי הם בציור מקום פתיחת הפה סתומה ועגולה, ולכן נקרא בספר הזהר בשם פתוחי חותם, כי הוא מקום הנפתח ומגולה עתה, והוא נמשך מן אימא עילאה הנקראת חותם כנודע, כי עטרא דגבורה גניז באימא.

שער הכוונת, דרושי יום הכפורים, דרוש ה' – ובנעילת יום הכיפורים אז אנו מזכירין ענין החתימה, כמו שכתוב – **חתמנו** לחיים וכיוצא בזה, והוא כי עתה נעשה חותם דרחל אשר עיקר החותם הוא בה כנ"ל. וענין החותם הזה הוא בחינת היסוד שברחל, שהוא הכלי של הרחם שבה, העשוי לקבל בתוכו הה"ג, הנקרא מ"נ שלה, וגם לקבל בתוכו טיפת מ"ד בעת הזווג, והנה ענין החותם הזה הוא, כי נודע כי כל בנין י"ס דרחל הם נעשים ונבנים מן נה"י עצמם דז"א, ומן החסדים אשר בתוכם, מן הפנימיות עצמו של ז"א. והנה בנצח והוד דז"א יש בכל א' מהם ג' פרקין ומהם נעשין ג' ספירות דקו ימין, וג' ספירות דקו שמאל של רחל, ומן דז"א אינו ארוך ומתפשט כשיעור נצח והוד, והנה חצי התחתון דת"ת דז"א ממנו נעשה כתר של רחל, ומן היסוד שלו שאין בו אלא ב' פרקין, והם היסוד והעטרה שבו, נעשים הדעת והתפארת של רחל, ונמצא כי יסוד דז"א מסתיים עד סיום התפארת של רחל. והנה היסוד והמלכות אשר ברחל אין להם על מה שיסמכו כנגדם בקו האמצעי דז"א, ואם כן מהיכן יעשו בחינת יסוד ומלכות, ואמנם בדרוש אלפא ביתא דאטב"ח כו' ביארנו כי בהיות המלכות שהיא רחל בסוד נקודה קטנה, כלולה מי' אותיות הנקודות, מתחלקת לעשר נקודות, ואחר כך מתחברין בה הארות אחרות עד שנשלמה לי"ס, ונמצא כי כבר יש בה מבחינה עצמה משרשה ב' נקודות, אחד לצורך היסוד שבה, ואחד לצורך המלכות שבה. גם בדרוש קטנה נערה ובוגרת נתבאר ענין היסוד והמלכות שבה מאיזה בחינה נעשו, ונמצא כי החותם הזה הנזכר אינו בחינת היסוד שלה ממש, אבל הענין הוא בסוד גן נעול אחותי כלה, גל נעול מעין חתום, והענין הוא כי מפחד החיצונים שלא יתאחזו שם לב' טעמים, האחד הוא לפי שהנקבה כולה דינים, אשר החיצונים, אין להם אחיזה אלא בדינין. ועוד לפי שרחל היא העשירית התחתונה שבכל עולם האצילות, ולכן היה יכולת אל החיצונים להתאחז ביסוד שלה, שהוא פתחה של רחל, שמשם יוצא כל השפע בסוד - לפתח חטאת רובץ, ולכן הוצרך להנתן ביסוד ההוא שבה חותם אחד לשמור המקום ההוא מן החיצונים, שלא יכנסו שם כדרך השומר איזו דבר ע"י החותם הנחתם בו. וזה מה שכתוב גן נעול אחותי כלה, כי זאת הכלה הנקרא רחל היא נעולה, והמעיין שבה שהוא היסוד הממשיך מ"נ הוא חתום ע"י חותם אחד, כדרך הכלה דאוגרת פתחה לבעלה, לבל ישלוט שם זר בה, עד שתזדווג בבעלה בעת ליל ה' עצרת כנ"ל. והנה החותם הזה ניתן ביסוד שבה, מן אימא עצמה, מנה"י שבה כמו שיתבאר, ולכן נקרא חותם לכמה טעמים, האחד הוא אותיות תחום, לרמוז כי הוא תחום הקץ וסיום המלכות, ועד שם יכולים החיצונים להתאחז, ומן התחום ההוא ולפנים אינם יכולים לכנס. והב' הוא כי הוא אותיות חמו"ת, ר"ל כי אימא עילאה היא אימא דז"א בעלה של רחל, ונמצא כי היא חמותה, ובא לרמוז כי חותם זה נעשה בה מן נה"י דאימא הנקרא חמות שלה. והג' הוא לסיבה הנ"ל כי זהו כעין החותם הנחתם באיזה מקום לשמרו, שלא יגעו בו זרים. והד' הוא כי הוא אותיות חומת כי הוא כעין חומת העיר, העשויה לשמירה כדי שלא יכנסו בתוכו זרים. והה' הוא כי כמו שהחותם אינו העיקר, רק הטבעת שבו חותמין על השעוה, אבל החותם הנחתם והנרשם בשעוה אינו דבר ממש, רק דמות ותמונת הטבעת, כך היסוד והמלכות של הנקבה אינם כמו שאר הספירות שבה, לטעם הנ"ל. כי הנה שאר ספירותיה יש להם על מה שיסמכו בנה"י דז"א, חוץ מן היסוד והמלכות אשר בה, אשר אינם רק הארה בעלמא וחותם הנחתם בהם, מן ספירה הא' כנודע, כי היסוד נקרא כ"ל, לפי שבו מתקבצים כללות כל האורות העליונות, ואינם הארות בפני עצמם, כי הנה ה"ג לבדם הם ומתפשטים בחסד עד הוד שבה, וכללות חותם הנחתם מן הארתם הוא הניתן ביסוד. וכן על דרך זה במלכות, כי היא מן הארת חותם היסוד, נחתם חותם ב' גרוע מן הא', וניתן במלכות שבה, כי לכך נקרא כל"ה, כ"ל ה', כי בה מתקבצים כללות הארות עליונות שביסוד שבה. והנה בטעם ה' הזו יתבאר משז"ל ד' דברים צריכים חותם בתוך חותם, וסימנם חבי"ת ואין אנו בביאור ארבעתם, זולתי ענין אות י' של חבית שהוא יין. והענין הוא כי ה"ג שביסוד שבה נקרא יין, וצריכין חותם ע"ל גבי חותם, לשמור מן החיצונים, כי אין החיצונים נאחזים אלא בגבורות, לפי שהקליפות הם שמרי היין כנודע. והנה ב' החותמות הם אלו אחד ביסוד שלה, אשר הוא נעשה מהארת כללות האורות שבה' קצוות הגוף, וזהו חותם הפנימי, ועליו יש חותם יותר חיצוני והוא המלכות שבה, הנעשה מהארת כללות כל האורות שביסוד, ונמצא כי חותם הב' הארתו גרועה מהארת החותם הא' כי ממנו נחתם. ובערך שיש מן האורות שבגוף אל חותם היסוד, כך יש מחותם היסוד אל חותם המלכות שבה, והרי זו כדמיון הטבעת הנחתם צורתו על גבי השעוה, וחזרה השעוה להיות כדמיון הטבעת, ובלי ספק כי חותם השעוה הוא תולדות הטבעת, והוא גרוע מאד ממנו. ואחר כך נותנים דיו שחורה על החותם הנחתם בשעוה עצמה, ובה חותמים חותם ב' על גבי הקלף והנייר. ונמצא כי חותם הנייר היא תולדת חותם השעוה, ודבר זה נאמר בהקדמת התיקונים בענין

שער ה' פרק ג' טנת"א

ר"ל באימא **הנקרא זוותם כנודע, כי שם** ביסוד דאימא **נזתמים ונצטיירין כל הציורין** וידוע כי ניקוד הבינה הוא צריי, והם אותיות צייר[40], חז"ל רמזו כי בחינת הציור מתחיל מיסוד דאימא• **ומכוז ה"ג שבזוותם דילה** שהוא היסוד שלה **נפתזו אלו[41] ה' מוצאות הפה,**

שינוי ד' עולמו' אבי"ע, בעניין מראות יחזקאל. ודע כי חותם היסוד נקרא ציון, וחותם המלכות נקרא ירושלם כנודע, כי היסוד נקרא נקודת ציון, שהוא יותר רחמים מירושלם שהוא דין, כנזכר בספר הזהר, וזה סוד – חומת בת ציון הורידי כנחל דמעה כו', ועל חומתיך ירושלם הפקדתי שומרים כו' כנ"ל. כי חותם הם האותיות חומת, ונמצא כי יש חומת ציון וחומת ירושלם והם סוד חותם בתוך חותם, הנזכר בדברי רז"ל. והטעם הששי יתבאר לך במה שנבאר לך עניין החותמות האלו מה עניינם ומהיכן נמשכין.

הנה נודע כי המוחין דז"א הם בחינת אורות בלבד, והם מתלבשין תוך הכלי' של נה"י דאימא, כי האורות של נה"י דאימא עלו למעלה כנזכר בסוד פסוק אדם כי ימות באהל, ואמרו רז"ל אין התורה מתקיימת אלא במי שממית עצמו עליה. ואחך כך נכנסין נה"י דאימא תוך הכלים דחב"ד דז"א, הנקרא תלת חללי גולגתא. והנה אימא נקראת אהי"ה, וכל ספירה מי' ספירות יש בה שם אהי"ה, וג' אהי"ה אשר בג' ספירות קו ימין שבה שהם חה"ן, הם במילוי יודין העולה קס"א. ושל קו שמאל שבה שהם בג', הם במילוי אלפין העולה קמ"ג. ושל קו אמצעי שהם דת"י, הם בההי"ן העולה קנ"א. ונמצא כי בנה"י שלה יש ג' אהי"ה דיודי"ן, ואלפי"ן, ודההי"ן, ונמשכה הארה מן ג' אהי"ה האלו ביסוד דרחל, ונעשה בה בחינת החותם הנזכר, כי הנה ג' שמות אהי"ה הנזכרים במילוי יודי"ן, אלפי"ן, ודהי"ן, הם בגימטריא חותם, והרי נתבאר טעם ו' למה נקרא חותם, והעניין הוא כי להיות כי הארה זו היא מנה"י דאימא עילאה, ונודע שאין החיצונים נאחזים בג"ר מבינה ולעילא, ולכן הארה זו הניתנה ביסוד שבה, נעשה חותם)דאימא(, השומר את החיצונים מלכנס שם. אמר הכותב פקח עיניך בעניין החותם הזה, והנלע"ד בזה הוא כי כמו שנתבאר שאין ז"א יכול לקבל את הנפש, והרוח, והנשמה שבו, הנקרא אורות ועצמות בלא כלים, כי עשר ספירות הם הכלים והגוף, ובתוכם מתפשטים האורות שהם נר"ן, והם נקראים בשם מוחין דעיבור, ויניקה, וגדלות, כי הנפש נכנסת בזמן העיבור, והרוח בזמן היניקה, והנשמה אחר היותו גדול ואיש בן י"ג שנה ויום אחד, וכמו שאיננו יכול לקבל אורותיו הנזכרים עד שבתחילה יתלבשו תוך הכלים דנה"י דאימא, ואחר כך נכנסים תוך ג' ספירות ראשו דז"א, שהם חב"ד שלו, בבחינת כלים, והם נקראים תלת חללי גולגלתא, ונמצא כי המוחין הם אורות ולא כלים, בין בעיבור, בין ביניקה, בין בגדלות. והנה הכלים של נצח הוד אימא הם ארוכים, ומתפשטים בב' הקוים דז"א, **אבל כלי היסוד דאימא הוא קצר,** ואיננו מגיע רק עד החזה דז"א, וכשאחך כך מתגלים אורות החסדים למטה מהחזה, מוכרח הוא שאין נשמה בלא גוף, ואין אור בלי כלי, ולכן אף על פי שהכלי עצמו אינו יורד למטה, עם כל זה נמשכת הארתו למטה, להלביש את אורות החסדים.

משלי י"א כ"ד - יש מפזר ונוסף עוד וחשך מישר אך למחסור.
39

בית לחם יהודה ש"ה פ"ג - שהוא יסוד שבה הנקרא חותם כנודע. כי נה"י דאימא הם ג' שמות אהי"ה, והם אהי"ה דיודין בנצח שבה, והוא בגימטריא קס"א. ואהי"ה דאלפין בהוד שבה, והוא בגימטריא קמ"ג. ואהי"ה דההין ביסוד שבה, והוא בגימטריא קנ"א. ושלשתם הם בגימטריא חותם עם הכולל, כמבואר בשער הכוונות בדרוש ב' דיום הכיפורים, יע"ש.
40

חז"ל דרשו את בחינת הציור על הפסוק אין צור כאלוהינ"ו, וידוע כי שם אלוקי"ם הוא בבינה, והיא אימא. וניקוד הבינה הוא צריי, אותיות צייר.

גמרא ברכות ד"י ע"א – אמר ליה – בא וראה שלא כמדת הקדוש ברוך הוא מדת בשר ודם, מדת בשר ודם צר צורה על גבי הכותל, ואינו יכול להטיל בה רוח ונשמה, קרבים ובני מעים. והקב"ה אינו כן, צר צורה בתוך צורה, ומטיל בה רוח ונשמה קרבים ובני מעים. והיינו דאמרה חנה)שמואל א ב ב(אין קדוש כהוי"ה כי אין בלתך, ואין צור כאלהינו. מאי אין צור כאלהינו, **אין צייר כאלהינו.**
41

בית לחם יהודה ש"ה פ"ג - נפתחו אלו ה' מוצאות הפה. דז"א.

24

הַנִּקְרָא פָּתוּזֵי זוֹתַם. נִמְצָא כִּי שֹׁורֶשׁ של ה' מוצאות הפה **נַעֲשֶׂה מֵה"ג דְמַנְצְפַּ"ךְ**. וְאִם[42] יָצְאוּ מֵה' מוצאות הפה **כָּל הַכ"ב אוֹתִיּוֹת**[43], בְּסוֹד אותיות **אזע"ה** היוצאים דרך הגרון, ואותיות גיכ"ק היוצאים מהחיך, ואותיות דטלנ"ת היוצאים מהלשון, ואותיות זסשר"ץ היוצאים מהשינים, ואותיות בומ"ף היוצאים מהשפתיים **כו', הַנֶּחֱלָקִים לַה' זָלְקִים, וְיַעַן**[44] **הֵם נִמְשָׁכִין** כל מוצא אחד מה' מוצאות הפה נמשך **מִגְּבוּרָה** אחת, וכולם הם ה' גבורות, **שֶׁהֵם בְּזֹאנֺת מַלְכוּת הַנִּקְרָא** צ"ל הנקראת **נֶפֶשׁ**, ולכן **הָאוֹתִיּוֹת נִקְרָא** צ"ל נקראות[45] **נֶפֶשׁ**[46] **כָנוֹדַע**[47]. **וְכַנִּזְכָּר**[48] **בְּתִיקוּנִים** תיקון כ"ז **דֵּעָ"א**.

42
בית לחם יהודה ש"ה פ"ג - ואז יצאו מה' מוצאות כל כ"ב אותיות, והכ"ב אותיות הם לחוד, כי ה' מוצאות הפה הם לחוד, כי ה' מוצאות הפה הם חיך, וגרון, ולשון, ושניים, ושפתים, והכ"ב אותיות הם אהח"ע, בומ"ף, גוכ"ק, דטלנ"ת, זסשר"ץ, ואלו הכ"ב אותיות הם עוברים ויוצאים מדרך ה' מוצאות הפה.

43
יוצא שיש ב' בחינות, אחד ה' מוצאות הפה, והאחד כ"ב האותיות. לכל אדם יש את בחינת ה' מוצאות הפה, אבל את בחינת כ"ב אותיות יש רק לבעל כושר הדיבור, ולא לאלם.

44
בית לחם יהודה ש"ה פ"ג - ויען שהם נמשכין מגבורות שהם בחינת מלכות. כלומר שהם נמשכין מה"ג שביסוד אימא, המלובש בדעת דז"א, לצורך הגדלת גופא דנוקבא הנקראת מלכות, משום הכי נקראים נפש, ואינם נקראים נשמה, כפי מקור מוצאם מיסוד אימא, וגם אינם נקראים רוח על שם הז"א שיצאו ממנו, שהוא בחינת רוח.

45
ידוע כי הרב ז"ל קורא לאותה בחינה במספר שמות, כאן הרב ז"ל קורא לבחינת האותיות נפש, מלכות, ה' גבורות, רחל, נוקבא. כולם הם אותם מוסגים, רק בשינוי השם.

46
במקומות הרבה בזהר הקדוש כתוב כי האותיות הם נפש, מקומות אחרים כתוב כי האותיות הם גוף, הרב ז"ל מבאר כי ב' השמועות נכונות.
תיקוני הזהר, הקדמה די"ב ע"ב - ונפשא איהי כללא דאתוון, הנפש היא כללות האותיות.
ע"ח ש"ה פ"ה דכ"ג ע"א - ובענין זה יובן מאמרי התיקונים, כי פעם יאמר שאותיות הם גופין כנזכר שם קודם לזה, וז"ל – יזהירו אלין נקודין דנהרין באתוון וכו', וכלהו נהרין בעיינין דגופא בגנתא דעדן, וכן בתיקונים די"ו אמר – בפירוש דאתוון אינון לגבי נקודים, כגופא לגבי רוחא, ובמקומות אחרים מצינו כי **אותיות נפש,** ונקודות רוח, כנזכר די"ג. ולהבין הענין גם כן נדקדק בדבריהם, באומרו – דאתוון לגבי נקודין כגופא לגבי רוחא, והרי הנפש מדריגה ממוצעת בין הגוף והרוח, והיה לו לומר כגופא לגבי נפשא. אך הענין דע כי הטעמים הם מן הכתר, ונקודות מן החכמה, ותגין מג"ר דבינה, ואותיות מז"ת שבה, וגם בזו"ן, נמצא כי אותיות אחר שהם בזו"ן, הנקרא גוף, יען שהם כללות ז"ת דאצילות, בכללות נמצא כי אותיות נקרא גופא לעולם שהם הכלים, והתגין הם ג"ר דאמא, והם **הנפש דאותיות,** וכמו שהנפש אינה נפרדת לעולם מן הגוף, כן התגין אינם נפרדין מאותיות בספר תורה לעולם, מהשאין כן הנקודות וטעמים שאינם בס"ת, רק על ידי קריאת אדם בס"ת, והבן זה.

47
לפי הפשט, הרב ז"ל כותב כי הגבורות הם בחינת המלכות, והם בחינת אותיות, וכל זה לפי חלוקת טנת"א, כאשר הטעמים הם בכתר ובחכמה, הנקודות הם בבינה, התגין הם בחג"ת נה"י, והאותיות הם במלכות.
תרשים ג – ח.
גם אם נחלק את בחינת הנרנח"י לשיעור קומה של י' ספירות, הנפש היא בחינת המלכות.

שער ה' פרק ג' טנת"א

הגהה [49] **צמ״ז** [50] המישב את דברי רבי חיים ויטאל בדרך אחרת, בענין הסתירות בסוגיות האותיות בספר הזהר הקדוש, **מילינו בתיקונים,** תיקון כ״ז **דע״א דאמר דנפשא איהי כללא דאתוון** האותיות הם מבחינת נפש, שהם במלכות. לעומת זאת בתיקונים, תיקון ס״ט דף ק״ז כתוב – ואתוון **מסטרא דבינה,** לפי שמועה זאת האותיות הם בבינה, והם בחינת נשמה. **ויש לומר** כי כאן בשמועה השניה שכתוב בזוהר שהאותיות הם [51] מצד הבינה,

---

תרשים ג – ט.

בעומק הענין אפשר לפרש על פי **דרוש הדעת,** בדרוש הדעת הרב ז״ל מצמצם את השעור קומה של י' ספירות לג' ספירות בלבד, שהם חב״ד, ומחלק את כל אחד מבחינות החב״ד לשעור קומה של י' ספירות, כאשר בחינת חכמה היא פרצוף אבא, הבינה היא פרצוף אימא, והדעת מתחלק לחסדים וגבורות, כאשר בצד ימין שבדעת יש ה' חסדים, ובצד שמאל יש ה' גבורות. הצד הימיני שבדעת נקרא פרצוף ז״א, והוא בעצמותו בעל ו״ק. והצד השמאלי שבדעת נקרא פרצוף נוקבא, ובעצמותה היא ספירה אחת, והיא בחינת המלכות. יוצא שהרב ז״ל כותב הגבורות הם המלכות, הם ה' הגבורות שבצד שמאל שבדעת, הנקרא נוקבא. לכן למלכות יש קשר עם ה' הגבורות, ולז״א יש קשר עם התפשטות ה' החסדים.

תרשים ג – י.

בהר שלום, דרוש הדעת דמ״א ע״ב - דע כי אע״פ שהוזכר תמיד היותם י' ספירות, אינם רק ה' ספירות, וכל ספירה הוא פרצוף אחד, וכולל עשר מדות. והם א״א, ואו״א, וזו״ן. וזה פרטם – כי ספירת הכתר כוללת עשר מדות, ונקראת א״א, וספירת החכמה כוללות עשר מדות, ונקראת אבא, וספירת בינה כוללת עשר מדות, ונקרא אימא, וספירת הדעת דחסדים, כוללת עשר מדות ונקראת זעיר, אך כשנאצל לא היו בו רק שש מדות, חג״ת נה״י שבדעת, והם הם החג״ת נה״י הנקרא אצלינו מכלל הי״ס, אבל אינם רק מדות ולא ספירות כמו הג' ספירות הראשונים, **וספירת הדעת דגבורה כוללת עשר מדות, ונקרא נוקבא דזעיר,** אך כשנאצלה לא היה בה רק מדה אחת לבד העשירית, והיא מלכות שבדעת הנזכר, והיא היא המלכות הנקרא אצלינו מכלל הי״ס, אבל אינה רק מדה אחת ולא ספירה. ואלו הה' פרצופים נרמזו בשם ההוי״ה, בקוצו של יו״ד ובד' אותיותיו, ולפי שהכתר אינו מכלל הי״ס, והושם ספירת הדעת במקומו, לכן נרמז בקוץ היו״ד, ולא באות ממש. ונמצא כי עיקר הפרצופים הם ד', או״א וזו״ן, והם ד' אותיות ההוי״ה, והם נכללות בג' ספירות בלבד, שהם חב״ד, ודעת כלול מב' עיטרין, וזה סוד פסוק – ה' **בחכמה** יסד ארץ כונן שמים **בתבונה בדעתו** תהומות נבקעו. ונמצא כי כל העולמות אינם רק שלשה בחינות חב״ד, והסיבה היא כי שרש הכל הוא החסד, והדין, והרחמים. **ולפי שהרחמים מכריע ביניהם צריך שימצאו בו ב' בחינותיהם, והם חו״ג תרין דעות,** ואלו עצמם הם ג' בחינות כהן, לוי, ישראל, והם נר״ן. והנה כל פרצוף מאלו הד' כלול מעשר מדות, אשר כל העשרה אינם רק ספירה אחת כנזכר, גם דע כי כל פרצוף היותר זך מתלבש תוך התחתון.
48

בית לחם יהודה ש״ה פ״ג - כנזכר בתיקונים דע״א. הוא בדף י״ב ע״ב.
49

צמח – רבי יעקב צמח.
50

בית לחם יהודה ש״ה פ״ג - צמח. מצינו בתיקונים די״ב ע״ב) דאמר נפשא איהי כללא דאתוון,)כלומר שהוא כמו שביאר רז״ל, אבל מצינו בהיפך מזה כי בתיקונים(ובדף ק״ה ע״א)כצ״ל(כתיב - ואתוון מסטרא דבינה, וי״ל וכו'. ואף על פי שחילוק זה הובא גם כן בתיקון ס״ט דק״ז סוף ע״ב, וז״ל - ואתוון הבל הבלים דתליין מתרין ההין, ואינון אתוון רברבן, ואתין זעירן, יעו״ש. מכל מקום נלע״ד כי קושיותו מתיישבת במה שכתב רז״ל בסמוך, גם בזה יתורצו וכו'.
51

ספר הזוהר, פרשת תרומה דקל״ב ע״א עם תרגום והסבר – **בגין דאית אתוון רברבן** לפי שיש אותיות גדולות בתורה כגון ב' דבראשית, ע' דשמע, **ואתוון זעירין** ויש אותיות קטנות בתורה כגון א' דויקרא, י' דפינחס, **אתון זעירין מעלמא תתאה** האותיות הקטנות הם במלכות, שהוא סוד העולם התחתון, **אתוון רברבן מההוא עלמא דאתי** והאותיות הגדולות הם מהבינה, סוד העולם העליון, עולם הבא. והאותיות הרגילות הם בז״א.

מדובר **באותיות גדולות**[52] שבתורה, כמו ב' דבראשית, או ע' דשמע ישראל, **לכתם מיילי** בשמועה הראשונה שכתוב האותיות הם מצד הנפש, שהם מבחינת המלכות, **וכאן** מדובר **באותיות קטנות**[53] כמו ה' הקטנה דבהבראם, או באות א' הקטנה דויקרא. ושאר כל האותיות שבתורה, שהם אותיות בינוניות, הם בז"א.

גם בזה תבין איך[54] **כל המקיפין** שהם בחינת הגבורות[55] **נמשכין מבינה**[56] שהיא אימא, כי היא מתלבשת בתוך ז"א לתת לו מוחין, כאשר נצח דאימא מתלבש בצד הימין דז"א שהוא חח"נ דז"א, הוד דאימא

____

52

הגהות וביאורים)ט(- נלענ"ד שטעה בהבנת דברי הפשט, והכוונה כמו המלכות הנבנה פרצוף על ידי הגבורה, והיא נקראת נפש, כך הגבורות היוצאים מאימא נקרא נפש, ונקראת אותיות עד כאן לשון הרב נתן שפירא זי"ע, קול הרמ"ז. עיין בזה הפרק שכתב איך בחינת אתוון יוצאין מז"ת דבינה, וג"ר דאימא שאנו אומרים לקמן שנקרא נפש נ"ל, שהוא בחינת מלכות שרומזת לבינה, וב' פרושים בין של החכם צמח, בין של החכם שפירא, אינם שייכים כלל, עד כאן לשונו.

53

הגהות וביאורים)י(– עיין בשער זה, פרק ה'.

54

בית לחם יהודה ש"ה פ"ג - איך כל המקיפין נמשכין מבינה. הכוונה על ה"ג היוצאים מפה דז"א, שהם מקיפין על הז"ת דז"א, בסוד ז' הבלים דקהלת, כנזכר בפרק ד' דשער י"ז כלל ב', ובספר הלקוטים קהלת דף קכ"ו ע"ד. ולטעם זה **היא** נקראת פום ממלל רברבן. כי לשון מלול שהוא תרגום, הוא שייך בגבורות, כמו שכתוב מי ימלל גבורות הוי"ה, ונקראת רברבן לפי שאותיות הגדולות הם בבינה.

55

הרב ז"ל כותב כי בחינת הגבורות הם מקיפים, ונקראים בחינת אש בערך החסדים הנקראים מים. כל בחינות החסדים והגבורות נכנסים בז"א דרך יסוד דאימא, כאשר החסדים נשארים בגופו של ז"א, והגבורות יוצאים מפה דז""א להקיף את ז' הספירות התחתונות של ז"א, והם סוד ז' הבלים הנזכרים בקהלת.

ע"ח ח"ב שכ"ה דרוש ב' מ"ק ד"ד ע"ד – ואמנם כבר הודעתיך כי ה' חסדים הם נכנסין תוך הגוף, והם אור פנימי, אמנם ה' גבורות הם פוגעות ברדתן אל הגרון בפה, ויוצאות משם לחוץ, ושם נעשין אור מקיף מבחוץ בז"ת, והם סוד **ז' הבלים דקהלת**, וכנגדן הם ה' חסדים מבפנים. והנה החסדים ודאי שהם גדולים ומעולים מן הגבורות. ואמנם להיות החסדים תוך הז"א, והגבורות מקיפים חוצה לו, הם מאירות יותר, ויש להם בבחינה זו מעלה על החסדים.

שער הכוונות, דרושי פסח, דרוש י"א - הנה נודע כי כמו שיש בז"א מוחין דאורות פנימיים, גם יש לו אורות מקיפין, וממוח הדעת שבו יורדים ומתפשטים בו אורות פנימיים, ואורות מקיפין. והאור הפנימי מתפשט ויורד דרך הגרון, ומתפשט בגופא דז"א, אבל האור המקיף הנה הוא יוצא מן הפה ולחוץ, ומקיף את הז"ת, על דרך האמור לעיל ממש בבחינת החסדים הפנימיים המתפשטים בז"ת, ועתה נבאר עניינם. הנה אלו החסדים והגבורות שבתוך היסוד דאימא, הם אורות רבים וגדולים, ועומדים במקום צר ודחוק, כנודע כי מוח החכמה והבינה גדולים מאד ממוח הדעת, ובפרט במקום התפשטות יסוד דאימא תוך הגרון דז"א, כי הוא מקום צר עד קצה אחרון, והם ב' מוחין דחסדים וגבורות, ואינם יכולים לידחק שם, ואז מחמת הדוחק הם בוקעים המקום ההוא, וזה סוד בקיעת הפה הנבקע במקום הגרון, והבן טעם זה. ואז יוצאות קצת האורות ההם דרך הפה ולחוץ, וקצתם נשארים בפנים כנ"ל. ואמנם בחינת הגבורות הם אש, ובחינת החסדים הם מים, ולכן הגבורות הם החזקות מאד, ומרוב חמימות אשם אינם יכולות להישאר בפנים, והם הבוקעות ויוצאות לחוץ דרך הפה, ונעשית בחינת אור המקיף, אבל החסדים נשארים בפנים בסוד אור הפנימי. וכבר נתבאר אצלנו כי אור המקיף גדול מאור הפנימי, אף על פי שהאור הפנימי הוא חסדים כנזכר, והאור המקיף הוא גבורות, עם כל זה הטעם הוא נרמז כמו שכתוב - טובה תוכחת מגולה מאהבה מסותרת, פירוש כי הגבורות הם כוחות הדין, הנקראות תוכחת, שמהם באים התוכחות והיסורין לעולם, הנה הם יותר טובים ויותר מאירים להיותם מגולים בבחינת אור המקיף, יותר מן החסדים הנקראים אהבת חסד, להיותם מסותרים בבחינת אור הפנימי, אורם מסותר ואינו נגלה ומאיר, עם היות כי בבחינת עצמם החסדים הם מעולים יותר מן הגבורות.

מתלבש בצד שמאל דז"א שהוא בג"ה דז"א, ויסוד דאימא ובו חסדים וגבורות מתלבש בדעת, ובשליש העליון דתפארת דז"א, החסדים מתפשטים בגוף דז"א, והגבורות יוצאות דרך הפה דז"א, בבחינת אור מקיף, ומקיפים את ז"ת דז"א, **כי היא** ר"ל אימא[57] **נקראת פום ממלל רברבן** פה מדבר גדולות, ופה[58] זה הוא יסוד דאימא, בסוד

קהלת א' ב' - הבל הבלים אמר קהלת, הבל הבלים הכל הבל.
משלי כ"ז ה' - טובה תוכחת מגולה מאהבה מסתרת.
56

ר"ל כי בחינת החו"ג דז"א נמשכים לז"א מיסוד דאימא, כאשר ה"ח מתפשטים בגוף דז"א, וה"ג שהם בחינת ה' מוצאות הפה, יוצאים דרך הפה דז"א ומקיפים את הז"ת שלו.
57

שלשה סוגי אותיות יש בתורה, אותיות קטנות, בנוניות וגדולות. האותיות הקטנות הם במלכות. הבנוניות שהם רוב האותיות התורה הם בז"א, לכן ז"א נקרא תורה. והאותיות הגדולות הם בבינה, כמו שכותב הבל"י. לכן הבינה נקראת פום ממלל רברבן, כלומר בבינה נמצאים האותיות הגדולות, הנקראות רברבן.
58

בחינת כל יסוד נקרא פה, גם היסוד דאימא נקרא פה.

ע"ח ח"ב של"ב פ"ז מ"ת דל"ח ע"ד – ונבאר פסוק אחר באר חפרוה שרים וגו', ובאור באר חפרוה שרים יובן במה שנודע, כי הנה הנוקבא של ז"א הנקראת רחל, בהיותה אב"א עמו, הנה הראש שלה היה מחצי תפארת תחתון שלו, נמצא כי סיום תפארת של ז"א שהוא פי האמה שלו, ממנו נעשה פי הנקבה, אשר הוא בסיום ראש שלה. וכאשר אחר כך חזרו להיותה פב"פ, ועלתה כל שיעור קומת ז"א, נמצא כי מה שבהיותה אב"א היה ראש שלה נתהווה עתה בחינת תפארת שלה, **ואותו הבחינה שהיה תחלה מקום הפה העליון שלה, חזר עתה להיות בחינת פי היסוד ורחם שלה**, נמצא יסוד שלה מכוון נגד יסוד שלו. וזה סוד היות בחינת התשמיש, נקרא בלשון אכילה בכמה מקומות בתורה, וכן לשון דיבור בפה, במסכת כתובות פ"א במשנה ראוה מדברת עם אחד, אמרו לו מה טיבו של איש זה וכו'. ואמרו בגמרא - מאי מדברת, נבעלה. וכן בכתובות פרק א' ע"פ במשנה, ואוכלת עמו מליל שבת, מאי ואוכלת תשמיש וכו'. ובתורה נקרא לשון אכילה בפה, כמו שאמר אכלו רעים, שהוא זווג עליון דאו"א, כנזכר זוהר פרשת ויקרא. וכן כתיב כן דרך אשה מנאפת אכלה ומחתה פיה וגו'.

שער הכונות, דרושי ראש השנה, דרוש ז' - אבל מה ששמעתי עתה נקשר עם הדרוש שהקדמנו, והוא כי בחינת השופר הוא בחינת אור המקיף של ז' ספירות תחתונות דאימא, ולכן נקרא שופר מלשון שפופרת שפופרת של ביצה, ושפופרת של קנה שהוא חלול מתוכו, וכן הוא בחינת אור מקיף שהוא חלול מתוכו להלביש בתוכו את האור הפנימי. עוד נקרא שופר לטעם האדמת פני התוקע ביופי ושפרירות, כמו שיתבאר לעתיד בע"ה. אבל דע כי האור הפנימי דז"ת דאימא הם ז' הויות דס"ג, אבל אור המקיף אינו כן וכמ"ש. והענין הוא כי הנה נתבאר במקום אחר כי יש דינין דכורין, ויש דינין נוקבין, והם שכ"ה נצוצין דבוצינא דקרדינותא, ופ"ר גבורות דמנצפ"ך, והנה אור המקיף נודע כי הוא בחינת דינין וגבורות כמבואר בהרבה מקומות, ולכן הוא כולל ב' בחינות אלו של הדינין, ולכן נקרא שופר, כי אותיות פ"ר דשופר הם ה"ר דמנצפ"ך, שהם בגימטריא פ"ר, וב' אותיות ש"ו מן שופר, הם סוד הש"ך דינין דבוצינא דקרדינותא, והם נשלמים לחשבון זו ע"י היד של אדם, האוחזת בשופר לתקוע בו, כי היא כלולה מן י"ד פרקין, שבה' אצבעות היד, עם ש"ו הרי ש"ך, וה' אצבעות היד משלימין לה' גבורות מנצפ"ך, שהם פ"ר ונעשין פרה אדומה, והרי נתבאר ענין השופר וענין היד האוחזת בו, ועתה נבאר בו מי הוא התוקע ומי הוא הפה. דע כי **התוקע הוא אימא עילאה כי היא תוקעת מתוך פיה** ומוציאה את זו"ן דרך פיה לחוץ, ואז יורדים משם ולמטה, ונכנסים ועוברים תוך פנימיות אור המקיף, בתוך חללו עד סיום ז"ת שלה, שהם סוד השופר. ואחר כך הם יוצאים **מתוך פה התחתון** של השופר הזה, לחוץ. והנה גם הפה של אימא היא הויה דס"ג, ועם הכ"ב אותיות הנמשכים שם בסוד אחה"ע בומ"ף כו', בתוך ה' מוצאות הפה, הרי הם בגימטריא פה.

גמרא כתובות די"ג ע"א - ראוה מדברת עם אחד, ואמרו לה מה טיבו של איש זה, איש פלוני וכהן הוא, רבן גמליאל ורבי אליעזר אומרים נאמנת, ורבי יהושע אומר לא מפיה אנו חיין, אלא הרי זו בחזקת בעולה לנתין ולממזר, עד שתביא ראיה לדבריה. **ומפרש רש"י** – בפנויה, ומשום חששא דפסולין לנתין ולממזר, וכיון שנבעלה לפסול, פסלה מן הכהונה....**בהמשך הגמרא** - מאי מדברת, זעירי אמר נסתרה, רב אסי אמר **נבעלה,**

שער ה' פרק ג' טנת"א

הפסוק[59] מי ימלל גבורות ה'. **גם נתבאר בזה מה שכתוב בפרשת משפטים דקכ"ג** ע"א[60] **דעת גניז בפומא דמלכא** דעת[61] דז"א גנוז בפה של המלך, וז"א נקרא מלך[62], **כי** רק **ה' גבורות של דעת** המתלבשות בתוך יסוד דאימא, ויסוד דאימא מתלבש תוך ז"א, **וגנוז בפה**

בשלמא לזעירי היינו דקתני מדברת, אלא לרב אסי מאי מדברת, לישנא מעליא, כדכתיב - אכלה ומחתה פיה ואמרה לא פעלתי און. **ומפרש רש"י** – אלמא נקט תשמיש בלשון אכילה.

גמרא כתובות דס"ה ע"ב - מאי אוכלת, רב נחמן אמר אוכלת ממש, רב אשי אמר תשמיש, תנן אוכלת עמו לילי שבת. בשלמא למאן דאמר אכילה, היינו דקתני אוכלת, אלא למאן דאמר תשמיש, מאי אוכלת, לישנא מעליא כדכתיב - אכלה ומחתה פיה ואמרה לא פעלתי און.

שיר השירים ה' א' - באתי לגני אחותי כלה אריתי מורי עם בשמי אכלתי יערי עם דבשי שתיתי ייני עם חלבי אכלו רעים שתו ושכרו דודים.

משלי ל' כ' - כן דרך אשה מנאפת אכלה ומחתה פיה ואמרה לא פעלתי און.
59

הבינה נקראת **מי**, והיא ממללת, כלומר מדברת ומוציאה את **גבורות ה'**, כלומר את ה' הגבורות של ז"א, וז"א הנקרא בכל מקום הוי"ה, על שם ספירת התפארת, ותפארת נקרא ז"א בזהר ובכתבי המקובלים.
תהילים ק"ו ב' - מי ימלל גבורות הוי"ה ישמיע כל תהלתו.
60

זהר משפטים דקכ"ג ע"א תרגום והסבר - **ופומא בהו תלייא** תיקון הפה תלוי במוחין, **פתיחותא דפומא** פתיחות הפה דז"א, **מאי פומא** איך נתקן פתיחת הפה דז"א, **אלא דעת גניז בפומא דמלכא** אלא הדעת של ז"א גנוזה בפיו, ועל ידה נתקן פתיחת הפה, לפי שהמוחין מצד הדעת דז"א שהם בחינת החסדים והגבורות דז"א, מלובשים תוך יסוד דאימא, ויסוד דאימא מתלבש תוך הכלים דז"א, ר"ל תוך דעת, והגרון עד שליש עליון דתפארת דז"א, וגרון דז"א הוא מקום צר מאוד, ומחמת צרות המקום והדוחק, בוקעות ה' הגבורות דדעת דז"א, ויוצאות לחוץ דרך הפה, והם סוד ה' מוצאות הפה.
61

הדעת עצמו מחולק לה' חסדים וה' גבורות, והוא כללות הדעת. כאשר הרב ז"ל מבאר כאן כי הדעת גנוז בפה המלך, הכוונה לא לכל הדעת, כי לא כל הדעת נגנז בתוך הפה, אלא ה' גבורות שבדעת.
62

ז"א נקרא מלך על **צ'** דצלם המתלבשת בו, הכמטריא של האות **צ'** דצלם היא תשעים ספירות המתלבשות בט' הספירות דז"א, ואות **צ'** היא בגמטריא מלך.
תרשים י – י"א.

ע"ח ח"ב שכ"ה דרוש א' מ"ב ד"ג ע"ג - גם טעם ג' למה נקרא צ', כי עתה ז"א נקרא מלך, שהוא גימטריא צ', מה שאין כן קודם היות לו מוחין. והבן אימתי נקרא מלך, והוא בהיות לו מוחין הנקרא צ', וכבר הודעתיך בפסוק ה' מלך כו', בגימטריא מנצפ"ך, שהם כוונת מנצפ"ך כנודע, כי מלך גימטריא צ' דמנצפ"ך. והענין כי אלו המוחין שהם זו הצ' הנעשים מט"ו ווי"ן הנ"ל, הנה הם נמשכין ממ"ן דבינה שהם מנצפ"ך כנודע, נמצא כי צ' של צלם הוא גם כן גימטריא מי"ם, ול' דצלם נקרא אור, ומ' דצלם נקרא אויר כנ"ל. ומאלו המים הם ה' אותיות מנצפ"ך דבינה, שהם ה' פעמים מי"ם שבפסוק יהי רקיע.
שער הכוונות, דרושי תפילת השחר, דרוש א' – גם תכוין באומרך ה' מלך הראשון הנקוד בסגול, תכוין כי מלך הוא בגימטריא כמנין מי"ם, לרמוז אל הנז"ל, כי אלו המלכים הם המ"ן דעשיה, ובמלת ימלוך תכוין כי מלך, ומלך, וימלוך, הנזכרים בפסוק הראשון, שלשתם הם בגימטריא מנצפ"ך, שהוא סוד הה"ג של המ"ן, ומלת ימלוך חסרה וא"ו, ובזה יעלו הכל למספר פ"ר שהם מנצפ"ך, ואם תמלא ימלוך בוא"ו, צריך לחשוב כללות ה' אותיות מנצפ"ך והכולל לכולם הרי פר"ו.
כלל - ז"א דאצילות נקרא מלך, בכתבי הזהר, ובכתבי המהרח"ו.
63

בית לחם יהודה ש"ה פ"ג - כי הגבורה של הדעת נגנזו בפה. צ"ל כי ה"ג של הדעת וכו'.

דז"א בזמן העיבור, אבל בזמן היניקה והגדלות, הכ"ב אותיות יוצאות מהכח לפועל[64], **בסוד ה' מוצאות הפה**, כנ"ל. **וכללות הפה נעשה מהם** מהחמשה הגבורות האלה, **והם נגנזו שם** בתוך הפה, כי בפה כלולים גרון, חיך, לשון, שינים, ושפתים, והאותיות יוצאות משם. **גם אמרו גנוז, הוא כי[65] ברצונה מוצ̇יא̇ה̇** צ"ל ברצונו מוציא ז"א **גנ̇יז̇ות האותיות הנ̇"ל** מהכח לפועל[66], **בסוד[67] קו̇ל ודב̇ור**, היוצא **מה̇פ̇ה̇** ולזוזק̇, **וכש̇ר̇וצה̇** ז"א **נ̇ש̇אר̇ים** האותיות **גנז̇ות בפנים** הפה, **בסוד[68] נא̇למת̇י[69] ד̇ו̇מ̇יה̇.** אחרי שהרב ז"ל ביאר שכ"ב האותיות יוצאים מיסוד דאימא, והם גם בדעת ובפה דז"א, ויוצאים מפה דז"א, ונראה כביכול שיש סתירה בדברים, לכן **גם בזה יתורצו ב' המאמרים המזולקים** וסותרים זה את זה **בתיקונים, אזה̇ד̇ אומר שא̇ותיות יצאו מבינה מזוזתם** שהוא היסוד **שלה̇, בסוד פתוז̇ז̇י זוז̇תם, והש̇נ̇י̇ אומר שיצא̇ו מפומא** מהפה **דז̇"א, וב̇'** המאמרים]דכ"ב ע"ג 44[**צ̇ד̇ק̇ו̇** וב' המאמרים אמת[70]. **כי היסוד דאמא הוא בפומא דז"א.[71]**

---

⁶⁴

מבשרי אחזה אלו"ה, בזמן העיבור העובר בבטן אימו לא מדבר, רק שהוא יוצא לחוץ משמיע קול ודיבור.

⁶⁵

בית לחם יהודה ש̇"ה פ̇"ג - כי ברצונה מוציא. צ"ל כי ברצונו, כמו שכתוב בשער הכוונות בדרוש י"א דעומר.

⁶⁶

גמרא מגילה די̇"ח ע̇"א - דרש רבי יהודה איש כפר גבוריא, ואמרי לה)ויש אומרים(איש כפר גבור חילמאי, דכתיב – לך דומיה תהלה, סמא דכולה משתוקא)סם הרפואה הכי נבחר הוא השתיקה(, כי אתא כאשר בה לבבל) רב דימי אמר אמרי במערבא)בארץ ישראל אומרים(– מלה בסלע משתוקא בתרין)דבור שוה סלע, והשתיקה ב' סלעים(.

⁶⁷

בשער אח̇"פ הרב ז"ל ביאר כי שורש הקול והדיבור הם בפה, והם בחינת לאה הגדולה, ורחל הקטנה.
ע̇"ח ש̇"ד פ̇"א די̇"ז ע̇"ד - אך הבל הפה הוא אחד, כי הוא נגד הנוקבא דז"א, ואף על פי שיש לאה ורחל, עם כל זה עיקר לאה מבחינת מלכות דתבונה)נ̇"א זאת היא ו̇"ק דב̇"ן דז"א ממלכות דתבונה(המתלבשת תוך ז"א כנודע. ולכן אינו נחשב רק לאחד, אך עם כל זה כיון שהם ב' בחינות, גם הבל הפה נחלק לב', עם שההבל הוא מקור אחד, שלא כדמיון האזנים והחוטם. והוא כי בהיות הבל זה בגרון הוא סוד קול, וכשיוצא מחוץ לפה הוא סוד דבור, בחיתוך אותיות. הקול נגד שורש לאה, והדבור נגד שורש רחל.

⁶⁸

תהילים ל̇"ט ג' - נאלמתי דומיה החשיתי מטוב וכאבי נעכר.

⁶⁹

גמרא נדרים ד̇"כ ע̇"א - אמר רבי יוחנן בן דהבai, ארבעה דברים סחו לי מלאכי השרת, חיגרין מפני מה הויין, מפני שהופכים את שולחנם. **אילמים מפני מה הויין, מפני שמנשקים על אותו מקום.** חרשים מפני מה הויין, מפני שמספרים בשעת תשמיש. סומין מפני מה הויין, מפני שמסתכלים באותו מקום.

⁷⁰

ב' מאמרי הזהר צודקים, רק שאחד מדבר בשורש, ואחד בענף. כאשר הזהר כותב כי האותיות הם ביסוד דאימא הכוונה היא לשורש האותיות הנמצאים ביסוד דאימא, וכל זה לפני שיסוד דאימא מתלבש בדעת דז"א. וכאשר הזהר כותב כי האותיות הם בפומא דז"א, הכוונה היא לאותיות שהם בחינת ענף אשר התלבשו בז"א.

⁷¹

שער ה' פרק ג' תנת"א

הגהה השיכת לרבי יעקב צמח **גם** תיקון אחר לבאר את הסתירה בין ב' השמועות, האחת שהאותיות יוצאות מהיסוד דאימא, והשמועה השניה שהאותיות יוצאות מפה דז"א, **כשאומר** שהאותיות יצאו **מפה דז"א, היינו אותיות בינוניות** בערך האותיות הגדולות שבשינה, ובערך האותיות הקטנות שהם במלכות, והאותיות הבינוניות **אשר** נכתבות **בכל התורה**, והתורה **הנקראת ז"א** כנודע[72] למת.

ומשם יצאו האותיות כאן הרב ז"ל מסיים את סוגית ה' מוצאות הפה בפרק זה. עד עכשיו ביאר הרב ז"ל כי האותיות הם בחינת כלים, כאן הרב ז"ל מבאר כי האותיות הם בעצם מוחין, ר"ל באמת האותיות הם כלים, אבל הרוחניות המחיה אותם הנשמה שלהם הם מוחין, והם בחינת הנקודות.[73] **ודע**[74] **כי** (צ"ל **מוזין**[75] ד**אבא**

הגהות וביאורים)ב(- הרמ"ז ז"ל, ובזה תבין מה שכתוב בגמרא - אלמים למה הוויין, מפני שנושקין באותו מקום. כי מה' מוצאות הפה שבאו מה"ה דמנצפ"ך שביסוד אימא, נעשה סוד הדבור, אם כן מי שנושק לאותו מקום, הוא גורם להכניס ההבל של ה' מוצאות ליסוד דאימא, כי יסוד דאימא נפתח דרך הפה.
72

הגהות וביאורים)א(- נלענ"ד נתן, שגם בכאן טעה, שהאותיות שיוצאים מפה דז"א הם עצמם האותיות דיסוד הבינה, המתגלים בפה דז"א.
73

אות בלי נקוד, היא כמו גוף בלי נשמה. כי אין משמעות לאותיות בלי הניקוד, ואי אפשר לבטא את האותיות בלי הנקודות, והנקודות הם חיות האותיות.
ע"ח ש"ח פ"ו מ"ת דל"ט ע"ג - והנה בענין העקודים כבר נת"ל ענין בחינת תנת"א שבהם, ונבארם פה בבחינת הנקודים, ונאמר כי בחינת הנקודים הם האורות הראשונים שיצאו בראשונה, והאותיות הם הכלים, ואחר כך כשנשברו הכלים, ונפרדו איש מעל פני מתו, האורות נשארו בבחינת תגין על האותיות שהם הכלים. והטעמים הוא שם מ"ה החדש שיצא אחר כך מאור המצח לתיקון המלכים כמו שנכתוב בע"ה. וזה טעם הס"ת שיש לו בחינת כתיבת אותיות ותגין, וחסרים ממנו טעמים ונקודות, כי כבר ידעת כי ס"ת הוא בחינת היסוד דאבא, וכבר נודע בזוהר בהרבה מקומות דבמחשבה איתבריר כלהו, ולכן הס"ת)נ"א ולשון ס"ת(מורה על זה הנ"ל. ועל ידי מה שהש"ץ קורא הפסוקים בתורה, בטעמים ונקודות, לתקן מה שחסר ממנו, לכן תמצא כי הטעמים יש בהם הוראה בהוצאת הבל הפה, כי יש ניגון פרטי לכל טעם בפני עצמו בהוצאתן מהפה ולחוץ. וכן הנקודות יש להם הברת כמו **א א א א א א או.** אבל)נ"א כי(התגין אין להם שום תנועה ונדוד בעת קריאת האותיות, **והטעם כי בחינת הטעמים והנקודות הם מורים בזמן שהאורות בתוך הכלים, ולכן הם נרגשין ונדנדים בעת קריאת האותיות, יען כי על ידי הנקודות והקריאה, הם מאירין בתוך כליים שהם האותיות.** אבל התגין מורים על זמן היות האורות על גבי האותיות, וחוץ להם, שאז אין לאותיות שום נדוד ותנועה, כי רוחניותם נסתלק מתוכם,)מן הכלים הנקודים(אמנם עומדים עליהם מרחוק להאיר להם הארה מועטת, כדמיון התגין העומדים זקופים על האותיות, לא בתוכן.
74

בית לחם יהודה ש"ה פ"ג - ודע כי מוחין דאו"א הם בחינת כ"ב אתוון. כך צריך לגרוס, כן הנוסח בע"ח כתב יד, וכן הגיה ח"ר אליהו מני ז"ל מע"ח כתב יד. ור"ל כי מוחין דאו"א הנמשכין להם מא"א, וכמבואר בפרק ו' דנקודות, כי אף על פי שכל פרצוף נברא ע"י כ"ב אתוין, כמו שמבואר לעיל, מכל מקום עדין צריך אותו פרצוף גדלות, וחזרת פב"פ, וזה נשלם ע"י שבאים לו אחר כך מוחין דגדלות, אשר הם מגדלים את האברים, ומחזירן אותו פב"פ. ואלו המוחין הם בחינת החו"ג הנמשכין מרום המעלות, עד א"א, ומא"א לאו"א, ומאו"א לזו"ן, ואותם החו"ג הנמשכין מא"א לאו"א לצורך הגדלת כליהם, הם כלולים מכ"ב אותיות, וט"ו אותיות מהם שהם אותיות בד"ק חי"ה, ומלאכ"ת סופ"ר, נוטלים אותם או"א לצורך הגדלת כליהם דפנים ואחור. ואותיות שעטנ"ז ג"ץ נטלום זו"ן לצורך הגדלת כליהם דפנים ואחור, יעו"ש. והיינו מאי דקאמר הכא כי מוחין דאו"א ר"ל בחינת החו"ג, אשר נמשכין מא"א בסוד מוחין לאו"א, הם כ"ב אתוון, ומהם נעשו כל הגדלת הכלים דאו"א ודזו"ן.
75

31

וְאִימָא)[76] הֵם בְּחִינַת כ"ב אָתְוָן, הרב מתקן את עצמו[77] וּמֵהֶם נַעֲשׂוּ כָּל הַכֵּלִים דְּאו"א שֶׁהֵם ט"ו אותיות, וָו"ן שֶׁהֵם ז' אותיות, כְּמוֹ שֶׁנִּתְבָּאֵר בְּע"ה. וְהִנֵּה[78] תִּרְאֶה כִּי או"א שֶׁהֵם אותיות י"ה דְּהֲוָי"ה לִהְיוֹתָן יוֹתֵר גְּדוֹלִים עַד מְאֹד מִוָו"ן דְּהֲוָי"ה[79], לָכֵן נִטְּלוּ או"א ט"ו אוֹתִיּוֹת שֶׁהֵם אותיות אוכ"ל מִסְפָּר"ת[80], וְאותיות בד"ק חי"ה[81], וְנַעֲשׂוּ כֵּלִים לָהֶם ר"ל לְאו"א, כְּמוֹ שֶׁנִּזְכַּר בַּמָּקוֹם[82] אַזוֹר. וְהָעִנְיָן[83] הוּא שֶׁאו"א הֵם ב'

בפרק זה הרב ז"ל ביאר כי האותיות הם באימא, צריך לדעת כי כאשר הרב ז"ל מדבר על אימא, הוא כולל את אבא.

ע"ח ש"ח פ"ו מ"ת דל"ט ע"ב - וכבר ידעת כי הטפה המציירת הולד ומגדיל והוא הבחינה זו)נ"א זהו החו"ג(החו"ג, ואלו הם סוד האותיות שמהם נוצר הולד, ועוד כי האותיות תמיד לעולם הם בחינת הכלים כנודע, ואלו נעשים כלים לאו"א, בסוד האחוריים כנזכר. ואלו הם שירדו למטה עם שארית החסדים)נ"א האורות החו"ג(היורדין לצייר הכלים של הולד, שהם ז' מלכים דבחינת זו"ן. והנה כל אלו הם בחינות כ"ב אותיות התורה, וז' מהם הם כלים לז' מלכים, וט"ו מה הם כלים לאו"א וכנ"ל, כי יותר גדולים הם או"א מכל זו"ן, וסימן לאותיות או"א הם י"ה, כי או"א הם ג"כ סוד י"ה כ"ב סוד ג' שבשם כנודע, ואותיות ז"א הם שעטנ"ז ג"ץ, והט"ו אותיות הנשארים הם דאו"א, ו' מהם הם האחוריים דאו"א, שהם בד"ק חי"ה, וכנזכר בתקונים ובזהר, ושאר אותיות הם אוכ"ל מספר"ת הם פנים דאו"א.
76

הגהות וביאורים)ג(- מז"ת דאו"א, כך צריך לגרוס, ועיין פרק ה' בשער זה.
77

בראשית הסוגיה הרב ז"ל כתב כי כ"ב האותיות הם מוחין, וכאן הוא כותב שהם כלים, וב' הבחינות הם אמת, הראשונה היא בחינת נשמת האותיות, והשניה על על הכלים עצמם.
78

הגהות וביאורים)ד(- עיין בשער הנקודים פ"ו.
79

שם הוי"ה מתחלק לה' פרצופי האצילות, כאשר קוץ של י' היא בחינת א"א, י' אבא, ה' אימא, ו' ז"א, ה' נוקבא.
תרשים ג – י"ב.
80

אותיות אוכ"ל מספר"ת הם האותיות שבנו את הפנים דאו"א, והם אותיות בלי שום תג על גביהם. בהרבה מקומות הרב ז"ל קורא לאותיות אלו מלכ"ת סוף"ר, כאן הרב ז"ל קורא להם אוכ"ל מספר"ת מפני שכאן הרב ז"ל רומז על בחינת זיווגים, והזיווגים רומזים באוכל ודבור.
תרשים ג – י"ג.

גמרא כתובות דע"ב ע"ב - רבי טרפון אומר אף הקולנית, מאי קולנית, אמר רב יהודה אמר שמואל, במשמעת קולה על עסקי תשמיש. במתניתא תנא במשמשת בחצר זו, ונשמע קולה בחצר אחרת.
גמרא כתובות דס"ה ע"ב – מאי אוכלת, רב נחמן אמר אוכלת ממש, רב אשי אמר תשמיש, תנן אוכלת עמו לילי שבת. בשלמא למאן דאמר אכילה, היינו דקתני אוכלת, אלא למאן דאמר תשמיש, מאי אוכלת, לישנא מעליא כדכתיב - אכלה ומחתה פיה ואמרה לא פעלתי און.
81

אותיות בד"ק חי"ה הם האותיות שבנו את אחורים דאו"א, והם אותיות עם תג אחד על גביהם, והם רומזים על נפילת אחורים דאו"א לקרקע האצילות.
תרשים ג – י"ד.
82

ע"ח ש"ח פ"ו מ"ת דל"ט ע"ב - והט"ו אותיות הנשארים הם דאו"א, ו' מהם הם האחוריים דאו"א, שהם בד"ק חי"ה, וכנזכר בתקונים ובזהר. ושאר אותיות הם אוכ"ל מספר"ת הם פנים דאו"א.

שער ה' פרק ג' תנת"א

אותיות י"ה משם הוי"ה, ואותיות י"ה הם **גימטריא ט"ו** הרומזים לאותיות אוכ"ל מספר"ת, ולאותיות בד"ק חי"ה שהם ביחד ט"ו אותיות. **אך הזו"ן נטלו ו' אותיות לבד** שהם שעטנ"ז ג"ץ[84] הרומזים לחג"ת נהי"ם, **כי הם** הזו"ן רומזים לז' **מלכים** דמיתו כנזכר[85] **במקום**[86] **אזר**[87]. עוד סוגיה, בענין הזיווגים[88] **והנה**[89] כדי לרמוז על זווג או הולדת שפע בעולמות העליונים **הזווג** הזה נרמז בזווג

[83]

טעמי המצות למהרח"ו, האזינו דק"ט ע"א – מורי זללה"ה צוה להר"מ רומי שיעשה לו ספר תורה אחת כשאר ספרי תורה שבמדינה, על פי פתוחות וסתומות של הרמב"ם ז"ל, ולא היה חושש על הפתוחות וסתומות של אותן המחמירין המשנים אותם. גם צוה שיניח לו מקום כל שמות הוי"ת חלק לפי שהוא ז"ל היה רוצה לכתוב אותם בידו, בתענית ובטבילה ובכוונות שנתבאר בשער התפלין. **ובענין ציור התגין שעטנ"ז ג"ץ בד"ק חי"ה היה מחמיר מאוד,** וסוד התגין על האותיות אלו דוקא נתבאר אצלינו בשער תנת"א, ובשער הנקודים.
[84]

אותיות שעטנ"ז ג"ץ אם האותיות שבנו את פנים ואחור דזו"ן, והם אותיות עם ג' תגין על כל אות, והם רומזים על שבירת וירידת זו"ן לבי"ע.
תרשים ג – ט"ו.
[85]

בית לחם יהודה ש"ה פ"ג - כנזכר במקום אחר. הוא פרק ו' דשער הנקודות.
[86]

ע"ח ש"ה פ"ו מ"ח דל"ט ע"ב - ואותיות ז"א הם שעטנ"ז ג"ץ, והט"ו אותיות הנשארים הם דאו"א, ו' מהם הם אחוריים דאו"א, שהם בד"ק חי"ה, וכנזכר בתקונים ובזהר, ושאר אותיות הם אוכ"ל מספר"ת הם פנים דאו"א. וזהו הטעם של אלו אותיות של שעטנ"ז ג"ץ צריכין ג' זיינין ותגין על כל אחת מהם, ואמנם באותיות בד"ק חי"ה צריכה תג אחד על כל אחד מהם, וגם למה נשתנו אלו)ט'(האותיות משאר אותיות שאין בהם שום תג. אבל הענין כי האותיות שעטנ"ז ג"ץ הם סוד הז' מלכים שמתו, ולפי שמהם נתהוו ויצאו הקליפות כנודע, לכן הם אותיות שט"ן ע"ז ג"ץ, פירוש שהם תגבורת, וחוזק, עוז הדינין העזים אשר ירדו ונעשו מהם השטן, שהם הקליפה, וכבר נודע מה שכתוב בזוהר באדרא זוטא, ובספרא דצנעותא דרצ"ב ע"ב, כי אלו הז' מלכים הם נצוצין דאזדריקו כהאי אומנא דאכתיש בפרזלא, ואפיק זיקין לכל סטר, וזהו ג"ץ כמו שכתוב גץ היוצא מתחת הפטיש כו'.
ספר הזהר, אידרא זוטא דרצ"ב ע"ב - ובגין כך עלמין קדמאי אתחרבו ועלמין קדמאי בלא תקונא אתעבידו. וההוא דלא הוה בתקונא אקרי זיקין נצוצין כהאי אומנא מרצפא)ס"א מרזפתא(כד אכתש במנא דפרזלא אפיק זיקין לכל עיבר ואינון זיקין דנפקין נפקין להיטין ונהירין ודעכין לאלתר. ואלין אקרון עלמין קדמאי.
גמרא שבת דכ"א ע"ב - תנן התם גץ היוצא מתחת הפטיש, ויצא והזיק חייב.
[87]

הגהות וביאורים)ה(- שער ח' פרק ו'.
[88]

סוגיה זאת נדונה בהרחבה לאורך כל שער הזווגים, שער המצות, ובנהר שלום.
תרשים ג – ט"ז.
ע"ח שטו"ו פ"א מ"ק דע"ה ע"א - שני מיני בחינות זווגים יש באו"א דאצילות, הא' נקרא פנימי, הב' נקרא חיצון, שהם סוד הכלים והעצמות,)נ"א או העצמות(וזהו בב' בחינות או כשהם פב"פ שוה, או בהרכנת הראש, כמבואר אצלינו. ובב' בחינות אלו בפנימיות שהוא העצמות, ובב' בחינות אלו בסוד החיצוניות, שהם י'(הכלים, הרי הם ד' בחינות זווג או"א. ועל דרך זה ד' בחינות כיוצא באלו זווג זו"ן. והנה לעולם בחינת זווג חיצון למלאכים, וזווג פנימי לנשמות. עוד יש בחינה אחרת בסוד הזווג אם לברוא נשמות חדשות, או לחיות הנשמות שכבר יצאו לחדש להם מוחין, ואחר החורבן שאין לזו"ן להוציא נשמות חדשות, גם באו"א לא יש זווג לנשמות חדשות, וזה סוד לא אבא בעיר וגו'. באופן שעתה אחר החורבן לא יש זווג פנימי, לא שוה

בשוה, ולא בהרכנת הראש, לא באו"א, ולא בזו"ן, וגם לנשמות ישנים ליכא, אלא לחיות בלבד ולתת מוחין חדשים להם.

מ"ב – דע כי יש ב' מיני זווג אל או"א, הא' בהיותן שניהן שוין למעלה במקומן, שוין בקומתן פב"פ, אשר זה נקרא בחינת זווג או"א עלאין, וזה' הוא בחינת אימא רביעא על בנין, והוא כאשר אימא הנה"י שלה מתלבשין המוחין דז"א בתוכם, ואח"כ מתלבשים הנה"י דאמא תוך ז"א, ואז נקרא - ואם רובצת על האפרוחים, לפי שהיא יורדת למטה משיעור קומת)אבא(ומשפלת עצמה למטה, ואז היא דומה על הנוקבא דז"א, כאשר היא מזדווגת עם ז"א פב"פ, בסוד ג' תחתונות שבו לבד כנודע. וכן עתה היא אמא עלאה פב"פ עמו נגד נגד חצי תפארת התחתון ונה"י של אבא לבד, ואז בהיותן כן, צריך שגם אבא ירכין ראשו וישפיל עצמו למטה, כדמיון ז"א עם נוקבא בג' תחתונות שבו, כנ"ל. וזווג זה הוא זווג דיש"ס ותבונה, **וזכור זה ולא נצטרך לחזור ולהזכירו בכל פעם ופעם.** והנה זה הזווג הב' נחלק לב' אופנים, הא' כאשר אימא מתלבשת בז"א לבד, והב' כאשר אמא מתלבשת במלכות עצמה, נוקבא דז"א, ושניהן נקרא זווג אחד. והנה ההפרש שיש בין הזווגים הנ"ל הוא, כי בזווג)הא'(הנ"ל שהוא בהיותן למעלה שוין בקומתן, זהו עיקר הזווג שלהם האמיתי, אבל זווג הב' נקרא זווג לפרקים של מקרה, והוא כאשר גברו עונות של התחתונים, ואין בהם כח לקבל השפעה העליונה, אז צריכה האם העליונה למעט אורה כדי שנוכל)שיוכלו(לקבלו, ואז יורדת למטה להיותה רובצת על בניה, כדרך העוף והנשר המתרחפת על בניה שלא יטרפוה עופות נכרים, ורובצת עליהם לשומרם, ואז הוא בזמן שהבנים צריכין לאמם, שזה מורה חולשה שבהם, עד שצריכין שאמא תרביץ עליהן לשומרן, ואותו הזווג הנעשה אז נקרא זווג לפעמים של מקרה. והרי נתבאר ב' מיני זווגים שיש לאו"א, בבחינת עצמן, מה שינוי יש בהם. ועתה נבאר ב' מיני זווגים בבחינת הזווג עצמו, מהו התכלית וההפרש שלו, הנה זווג אחד הוא נקרא זווגא שלים, כנזכר זוהר פרשת אחרי דס"א ע"ב, והזווג הב' נקרא זווגא דלא שלים. וביאור הדברים הוא כי זווג שלים הוא אשר תכלית הזווג הוא כדי להוריד עטרות ומוחין אל הבנים זו"ן, כדי להוציא נשמות חדשות על ידי זווגם של זו"ן עצמן, וזווגא דלא שלים הוא כאשר תכלית הזווג הוא כדי להוריד חיות ומזון אל העולמות, שהוא מוכרח בעת בריאת העולם וצורך להם, וגם לתת כח)נ"א מוחין(לזו"ן שיזדווגו ויולידו נשמות ישנים, שכבר נבראו בעת בריאת עולם, ולהחזיר לחדשות. ופירוש הענין יתבאר לך בהקדמה שנבאר לך בענין נשמות חדשות וישנות במקומו, בדרוש הגלגולים פרק ז'. **ואמנם ענין שינוי ב' זווגים אלו כי כאשר מזדווג אבא עם אמא, על ידי חכמה שלו שהם סוד הנקודות כנודע, כי כל השמות שיש בחכמה הם בנקודות, אבל אותיות השמות שהם בבינה אין בהם ניקוד, והנה כשמזדווג אבא עם אמא מבחינת חכמה שלו, אשר השמות הם מנוקדים, אז הוא זווגא שלים, שהוא זווג חכמה עם בינה, אבל כאשר הזווג הוא מבחינה בינה דאבא שהם שמות בלתי ניקוד, אז נקרא זווגא דלא שלים, כי נקרא זווג בינה עם בינה, כי הרי אין אבא מזדווג עם אמא, אלא בבחינת בינה שבו, והבן מאד.** והנה זה היא משארז"ל – נשבע הקב"ה שלא יכנס בירושלים של מעלה, שהוא זווג או"א, עד שיכנס בירושלים של מטה, שהוא זווג שלים דזו"ן לגמרי. גם מצינו בזוהר באדר"ז, דאו"א לא מתפרשין לעלמין, והוי זוגייהו תדיר. והנה מצינו במקומות רבים דאמא מתתרכת מעל בנין, ואין לה זווג, כנזכר בתקונים על שלח תשלח את האם, ועל פסוק – ובפשעכם שולחה אמכם, אבל הענין מובן עם הנ"ל, כי זווג השלים שהוא זווג דאו"א, בבחינת חכמה שהם הנקודות, זה נפסק בעונותינו מימות החורבן, וכמו שכתוב פרשת פקודי דרנ"ג ע"א על היכל אהבה, כי מן החורבן ואילך לא נכנסו שם הנשמות חדשות. **אמנם זווגא דלא שלים שהוא לחדש נשמות ישנות, או להחיות העולמות אין זווג זה נפסק לעולם.** ודע כי העולה מכל זה כי ב' מיני זווגים הם, כל אחד כלול מב' זווגים, כי הנה הזווג העליון שהוא בחינה)בהיותה(למעלה במקומה, יש ב')מיני(זווגים, דלא שלים, וזווג שלים. ובזווג הב' שהוא בהיותה למטה, בסוד הרביצה על האפרוחים, יש בו ב' זווגים הנ"ל, זווגא דלא שלים, וזווג שלים.

שער המצות, פרשת כי תצא - מצות שילוח הקן, כתיב כי יקרא קן צפור לפניך בדרך וגו', צריכים אנו להודיעך בזה הקדמה אחת בענין זווגים עליונים דאו"א, דע כי זווג דזו"ן הם לפרקים, ויש זמן שנפסק הזווג שלהם, אבל או"א מזדווגים תדיר, ולא אתפרשאן לעלמין, כנזכר באדרת האזינו דף ר"ץ ע"ב. והנה קשה לזה מה שאמרו רז"ל]תענית דף ה'[– נשבע הקב"ה שלא יכנס בירושלם של מעלה, עד שיכנס בירושלם של מטה, והכונה הוא שלא יהיה זווג עליון דאבא עם אימא, הנקרא ירושלם של מעלה, עד שיהיה זווג תחתון דזו"ן, הנקרא ירושלם של מטה. אבל הענין הוא כי זווג או"א הוא לב' בחינות. בחינה אחת היא להאציל נשמות חדשות, אל בני אדם התחתונים, בחינה שנית היא לשתי דברים, אם להמשיך חיות המוכרחת בעולמות,

שֶׁבְּסוֹד הָאוֹתִיוֹת על ידי חיבור של שמות קודש[90], **(וְהוּא וָזֶה)** וזווג של שמות אלו, ר"ל של האותיות של השמות האלו, בלי הניקוד שלהם **הוּא לְהַחֲזִיוֹת הָעוֹלָמוֹת** ונקרא זווג דחיצוניות[91] והוא גרוע ביחס

להעמידם על מציאותם, ואם להמשיך נשמות ישנות שכבר נאצלו בעת בריאת העולמות, שיוכלו עתה לבא בעולם, כמו שנבאר לקמן, בענין הנשמות שהיו כלולות באדם הראשון. והנה כאשר מזדווגים או"א לצורך הבחינה הראשונה שהיא להאציל נשמות חרשות, אז הם מזדווגים בהיותם **הויי"ת ושמות מנוקדים בנקודות.** ונודע כי הנקודות הם בחכמה בכל מקום שהם. ונמצא כי הזווג הזה הוא בחינת חכמה דאבא, המזדווגת עם אימא, אבל כשמזדווגים לבחינה השנית, **והיא להחיות העולמות בלבד אז מזדווגים בבחינת הויי"ת בעצמם, שהם בסוד אותיות בלתי ניקוד**, ואז הוא זווג דאבא מבחינת בינה שבו, עם אימא. כי האותיות הם בבינה בכל מקום שהוא. והנה הבחינה הראשונה נקרא זווגא שלים הנזכר בזוהר, ר"ל כי מן הזווג ההוא נמשך עטרות ומוחין אל זו"ן דאצילות, בני או"א. ואז יוכלו הם להזדווג ולהוציא נשמות חדשות בעולם. והבחינה הב' נקראת זווגא דלא שלים, כי איננו רק להוריד חיות המוכרח אל העולמות, או לצורך הנשמות שכבר נבראו, ונכללו באדם הראשון כנודע, וכמו שיתבאר לקמן בע"ה.

שער רוח הקודש הקדמה ג' דכ"ח ע"א - ענין היחודים ובו יתבאר ענין מה שאמרו חז"ל – על פסוק ולא אבא בעיר, נשבע הקב"ה שלא יכנס בירושלים של מעלה וכו'. דע, כי כל השמות של הבינה הם בלי ניקוד. אך שמות שבחכמה, הם בניקוד. והנה כשאנו מייחדים או"א, או מזדווגים אותם, אין ראוי לכוין השמות עם הנקודות, כי הרי נשבע הקב"ה, שלא יכנס בירושלים של מעלה. אמנם צריך לכוין בשמות בלי נקוד, כי אז אף על פי שאותם השמות הם באבא, והם מיסוד הבינה שבו, ובאופן זה נקרא זווג בינה עם בינה, ואין זה נקרא זווג חכמה עם בינה. והזהר בזה, ואל תעבור על השבועה, ונתבאר זה במצות שלוח הקן וע"ש.

נהר שלום די"ד ע"ד - והנה נודע כי שני מיני זווגים יש באו"א, וכן בכל הפרצופים, והם זיווג דחיצוניותם, וזיווג דפנימיותם. וזיווג **דחיצוניותם להמשיך** שפע ומזון **וחיות לכל העולמות**, וממנו נמשכים מוחין דעיבור וינקיה לזו"ן בערך הכולל, **וזיווג דפנימיותם הוא להוציא נשמות חדשות ולחדש הנשמות הישנות**. וכללת שניהם נקרא זיווגא שלים, וזיווגא דלא שלים. כי זווג דפנים נקרא שלים, והוא זווג דג"ר, שהוא פרצוף הפנימי, והוא נקרא זווג דאו"א, כי או"א נקרא ג"ר בערך ישסו"ת. וזווג דחצוניות נקרא דלא שלים, והוא זו"ק, שהוא פרצוף החיצון, והוא זווג דישסו"ת, כי ישסו"ת נקרא ו"ק בערך או"א הנקראים ג"ר. וכל זווג כלול משניהם, שלים ולא שלים. כי או"א עילאין הנקראים בכללות שלים, כלולים משניהם, כי זווג דג"ר שלהם נקרא שלים, וזווג דו"ק שלהם נקרא דלא שלים, ושניהם נקרא שלים דפנימיות. וכן הוא בישסו"ת הנקרא בכללות דלא שלים, כלולים משניהם זווג דג"ר שלהם נקרא שלים, וזווג דו"ק שלהם נקרא דלא שלים, ושניהם נקראים בכללות דלא שלים. והנה מזווג שלים דג"ר דאו"א נמשכים מוחין דגדלות לג"ר דזו"ן, ומזדווגים זווג שלים להוציא נשמות חדשות דצדיקים, ומזווג דלא שלים דו"ק דאו"א נמשכים מוחין דגדלות לו"ק דזו"ן, ומזדווגים לחדש הנשמות הישנות. והנה זווג שלים דאו"א נפסק מהחרבן, ומזווג דלא שלים דאו"א נמשכים מוחין דגדלות לזו"ן, ומשני מיני הזווגים דישסו"ת נמשכים מוחין דעיבור וינקיה לזו"ן, וכל אלו הזיווגים הם באבי"ע דחיצוניות, ובאבי"ע דפנימיות. גם כל זווג מארבעה זווגים הנז"ל נחלק לב' זווגים, זווג דג"ר, וזווג דו"ק, שלים, ודלא שלים, והרי הם ח' זווגים.

89

בית לחם יהודה שי"ה פ"ג - והנה הזווג שבסוד האותיות הוא להחיות העולמות, ובסוד הנקודות הוא לנשמות. כך צריך לגרוס, והוא ענין בפני עצמו, ופירושו מבואר בפרק א' דשער ט' במ"ב, כי או"א כל אחד נחלק לב' פרצופים, שהם אבא וישראל סבא, ובינה ותבונה. ואו"א עלאין נקראים חכמה, והיא דכללות האצילות. וישסו"ת נקראים בינה, ונשמה דכללות האצילות. וכל השמות של הויי"ת שהם באו"א עלאין הם מנוקדים בט' נקודים, שהם - קמץ ופתח, וסיגול, וכו'. וכל ההויי"ת שבישסו"ת הם האותיות לבד, בלא ניקוד כמבואר בפרק א' דשער ט'. וזווג דאו"א עלאין שהם זווג חכמה עם חכמה, הוא להוציא נשמות חדשות וזווג יששו"ת שהם בינה עם בינה, הוא להחיות העולמות, יעיון שם בדבריו. ובזה תבין דברי רז"ל דהכא. וענין חידוש נשמות ישנות, עיין בדברינו דהתם בד"ה אם לברוא נשמות וכו', ובדבורים שלאחריו.

90

לזווג דפנימיות העולמות, כי זווג זה הוא לתת שפע לעולמות גם לזכאי וגם לחייב, בלי הבדל, כולם מקבלים שפע, בלי מעשה התחתונים, וזווג זה נעשה בלי העלאת מ"ן של בני ישראל, ונקרא זווג תמידי◆ הזווג היותר רוחני, והוא פנימי והוא **בסוד הנקודות** ר"ל שמות קודש מנוקדים[92] **(והוא וזה) הוא לנשׁמות**[93] ר"ל להוליד

לדוגמה של זווג של או"א רמוז בשם הוי"ה ושם אהי"ה, והוא יאההויה"ה. או זווג זו"ן רמוז בשם הוי"ה ובשם אדנ"י, והוא יאהדונה"י, וכו'. זוווגים אלו מתחלקים לפנימי וחיצון, לדוגמה בזווג או"א, כאשר הזווג הוא חיצון שם הוי"ה או חיצוני – יאההויה"ה, וכאשר הוא פנימי שם הוי"ה הוא פנימי – איההיוה"ה. וכן בזווג זו"ן, בחיצוניות הזווג יהיה הזווג יהיה יאהדונה"י, ובפנימיות הזווג יהיה אידהנוי"ה. ואת ההבדלים אפשר לראות בכוונת מטבע הברכה, או באמן דברכות ואמן דקדיש.
תרשים ג – י"ז.
91

בזווג זה יש ב' בחינות, אחד נקרא פנימי דחיצוני, ונקרא חב"ד דחג"ת, כאשר שם הוי"ה פנימי, כזה – איההיוה"ה. ואחד נקרא חיצוני דחיצוני, ונקרא חג"ת ונה"י דחג"ת כאשר שם הוי"ה הוא חיצוני, כזה יאההויה"ה.
תרשים ג – י"ח.
נהר שלום דכ"א ע"ג - ברוך יכוין להמשיך שפע מכתר עליון, שהוא השורש העליון לפרצופי **נה"י וחג"ת דחג"ת** וגם לפרצוף **חב"ד דחג"ת** דחו"ב דכתר, שהם נקראים עתיק ונוקביה, ויכוין לזוווגים ב' זיוווגים, זיווג תחתון דנה"י וחג"ת הוא **הוי"ה אהי"ה**, וזיווג עליון דחב"ד חג"ת הוא **אהי"ה הוי"ה**, ולהמשיך מהם שפע לפרצופי **נה"י וחג"ת דחג"ת** וגם לפרצופי **חב"ד דחג"ת** דחו"ב דדעת דכתר, שהם נקרא א"א ונוק', ויכין לזוווגים של זיוווגים זיווג תחתון **דנה"י וחג"ת הוי"ה ואהי"ה וזיווג עליון דחב"ד דחג"ת אהי"ה הוי"ה**, ויכוין להמשיך מזיווג תחתון דנה"י וחג"ת הנזכר דהוי"ה ואהי"ה, שפע לפרצופי נה"י וחג"ת דאו"א וישסו"ת, ומזיווג עליון דאהי"ה הוי"ה דחב"ד דחג"ת הנזכר................
92

זווג זה נפסק מזמן חורבן בית ראשון.
שער הגלגולים, הקדמה ו' - אך דע, כי אין בנו כח בכל הזמן הזה רק להמשיך אלו הנשמות החדשות, אותם שהם מן הבי"ע, שהם סוד נשמה רוח נפש כנודע. אבל לעתיד לבא אחר התחיה, יבואו נשמות חדשות יותר מעולות, שהם מעולם האצילות והם מבחינת הנשמה דאצילות שהיה לאד"ר, הנקראת בשם זיהרא עילאה, כמו שיתבאר בדרושים הבאים. וזה סוד מה שכתוב בספר הזהר פרשת פקודי דף רנ"ג ע"א, שמיום שנחרב בית המקדש, לא נכנסו נשמות בהיכל האהבה. כי אלו החדשות דפנים בפנים מן עולם האצילות, לא נכנסו שם. אבל הנשמות שמן הבי"ע החדשות, אפשר שיבואו אפילו בזמן שלאחר החרבן. אבל כל שאר נשמות הבאות בעולם, הם מאותם שהיו כלולות בנשמת אד"ר, אחר אשר נברא אחור באחור, חזר ונסרו מבחינת פנים בפנים, והחזירו פנים בפנים. ונמצא כי כל הנשמות הישנות הם באים ממנו.
93

יש כל מני סוגי נשמות, יש נשמות שהיו תלוים באדם הראשון, יש שחטאו איתו בחטא עץ הדעת, יש שתלוים בקין והבל, יש נשמות חדשות שמעולם לא ירדו לעולם הגשמי שלנו, יש נשמות מחודשות, יש מגולגלות, ויש נשמות בעיבור, ועוד ועוד. וכל אחת מהנשמונת נפרטת לנרנח"י שנפרטים לנרנחי יותר פרטים, וחלוקי שורשים וענפים, וכו'. וכל הנשמות האלו צריכות לבוא לעולם כדי למלא את יעודם, ולתקן את הצריך תיקון לפי שורשם. וכדי שנשמות אלו יבואו לעולם, צריך להיות בחינות של זווג, וכמות ואיכות הנשמות היורדות תלויה בזיוווגים בעולמות העליונים, והם תלוים בהעלאת מ"ן של בני ישראל, על ידי תלמוד תורה, תפילה, מצות, ומעשים טובים.
ע"ח ח"ב שכ"ט פ"ג מ"ת דכ"ב ע"א - ונבאר עתה תשלום מ"ן מה עניינם כמו שמבואר זה למעלה, הנה כל עליית מ"ן צריך שתעלה מלמטה למעלה, ממדרגה למדרגה, וזה יעורר לזה, וזה לזה, עד רום המעלות. והנה אחר היות זמן היניקה כבר יש גדלות כל צרכם בז"ק דזו"ן, אמנם אין בהם יכולת להוליד נשמות הצדיקים, יען כי אין כח במוחין שלהם להוליד אחרים, רק הצריך לעצמו וזה סוד קטן זוכה לעצמו, ואינו זוכה לאחרים. אמנם כשיגדל ויבא לו תוספת במוחין שלו מאו"א, אז זוכה לאחרים גם כן **ומוליד נשמות חדשות של צדיקים.**

36

נשמות חדשות**. והענין כי זווג הנקודות הם** באבא ואימא עילאין[94], והם **זוכמה**[95] **דאבא** שהוא שם הוי"ה מנוקד בפתח **עם זוכמה דאבא** שהיא אהי"ה בנקוד צרי[96], והוא הזווג להוליד נשמות חדשות**. וזווג של האותיות הוא** ישראל סבא עם תבונה, והם נקראים גם או"א תתאין, והם **בינה דאבא** הוי"ה בלי נקוד **עם בינה דאבא** והיא אהי"ה בלי נקוד, וזווג זה הוא לחיות העולמות, **(והנה ל"ג)** **כי ב' מיני זווגים הם** שהם ארבע, כי ב' זווגים בפנימיות, וב' זווגים בחיצוניות, שגם הם נפרטים לשמונה סוגי זווג[97] ויותר, רק פה הרב מקצר וכותב שיש ב' מני זוווגים, **אזוד להזויות העולמות** שהוא זווג האותיות, הנקרא זווג דישסו"ת, שהוא זווג של האותיות עם הניקוד, הנקרא זווג או"א עילאין**.** השאלה שעולה היא מדוע צריך לכוון בזווג של חיות העולמות, הרי ממלא הזווג הזה נעשה מאליו, בלי עזרה של בני ישראל, הרב עונה לשאלה ומסביר, **וגם (הזויות ל"ג) אותו זווג דזויות** העולמות, שהוא זווג אותיות בלי נקוד, והוא בישסו"ת, **יועיל** לפעמים **לזודש הנשמות הישנות** אשר היו כלולות באדם הראשון, ובזווג זה מוליד אותם בגוף, או בעיבור, וכו' **שנאצלו** כבר **בבריאת עולם**[98] שיבואו לעולם כשהם מחודשות**.**

גמרא יבמות דס"ג ע"א - דאמר רב אסי אין בן דוד בא עד שיכלו כל נשמות שבגוף, שנאמר – כי רוח מלפני יעטוף וגו'.
94

פרצופי אבא ואימא נחלקים לארבע פרצופים, כאשר החלק העליון נקרא או"א עלאין, והתחתון נקרא ישסו"ת. לפי דרוש הדעת או"א עלאין נקראים חכמות, וישסו"ת נקראים בינות.
תרשים ג – י"ט.

נהר שלום די"ח ע"ד - והנה נודע כי תפלת שחרית דחול היא בכלים הפנימיים דכל העולמות, ובה נמשכים ב' צלמי המוחין **דבינות דכלים הפנימיים דישסו"ת** בלחש, ושני צלמי המוחין דחכמות דכלים הפנימיים דישסו"ת בחזרה לפרצופי בינות וחכמות דכלים הפנימיים דזו"ן. וכן תפלת מנחה של אותו היום היא בכלים האמצעיים דכל העולמות ובה נמשכים ב' צלמי המוחין דבינות דכלים האמצעיים דישסו"ת בלחש, ושני צלמי המוחין דחכמות דכלים האמצעיים דישסו"ת בחזרה לפרצופי בינות וחכמות דכלים האמצעיים דזו"ן, וזה מלבד הו"ק דמוחין דגדלות דכלים הפנימיים דבינה וחכמה דתבונה שחוזרים להכנס בלחש ובחזרה דמנחה לפרצופי בינות וחכמות דכלים הפנימיים דזו"ן. ואם הוא יום ראש חודש בו נמשכים עוד ב' צלמי המוחין דכתרים דישסו"ת בלחש וחזרה דמוסף לפרצופי הכתרים דזו"ן. וביום שבת קודש נמשכים ב' צלמי המוחין דנה"י **דאו"א עילאין בלחש דשחרית לפרצופי נה"י דחכמות הכוללים דזו"ן וב' צלמי המוחין דחג"ת דאו"א עילאין,** בחזרה לפרצופי חג"ת דחכמות דזו"ן, וב' צלמי המוחין דחב"ד דאו"א עילאין, בלחש דמוסף לפרצוף חב"ד דחכמות דזו"ן, וב' צלמי המוחין דכתרים דאו"א עילאין, בחזרה דמוסף לפרצופי הכתרים דחכמות דזו"ן. ושני צלמי המוחין דנה"י דמוחא סתימאה דא"א,)בלחש דמנחה(וב' צלמי המוחין דחג"ת דמוחא סתימא דא"א, ספר כתב יד(ובהם כלולים נה"י דגולגלתא דא"א, בחזרה דמנחה לפרצופי נה"י וחג"ת דכתר דזו"ן.
95

הגהות וביאורים)ו(- עיין שער ח' פרק ג' מ"ק ד"ה כאן יש קושיה וכו', ובשער הזיווגים פרק א', ובשער י"ג.
96

תרשים ג – כ.
97

תרשים ג – כ"א.
98

הגהות וביאורים)ז(– בספר כתב יד איתא, מה שכתב בשער תיקון הנוקבא פרק ב' כלל כ', ואחר כך כתוב
וז"ל – או"א התחלתם הם יוצאים בגרון דא"א, ומלבשים אותו, וכתר שלהם הם שם בגרון דאריך, אלא
שהכתר שלו גבוה מהכתר שלה, כי כמו שבכתר רחל בתפארת דז"א, כן כתר דאימא)א"ה עיין לעיל בהקדמה
מהרח"ו כלל י"ז, ובשער הזיווגים פרק א', שזו האימא היא ישסו"ת ובסוף פרק ב'(למטה מן ו' ספירות של
אבא, שהם כחב"ד ח"ג. הנה יש בחינה אחרת שמקבלים או"א משם, והיא הדיקנא דא"א, החופפת עליהם
כנודע, ושניהם מקבלים ממנה, וגם בבחינה זו היא על דרך ראשונה, שאבא מקבל הארה ממנה יותר למעלה מן
כתר דאימא ו' מדרגות, והוא כי הנה הם י"ג תיקוני דיקנא)עיין בשער י"ד סוף פרק י"ד מ"ב ובפרק ח' אות
ג'(, ומזל הח' הוא בחינת יסוד דכתר דא"א כנזכר, וממנו מקבל הארה כתר דאבא, ומזל הי"ג הוא חסד של
הכתר, כי הי"ג תיקונים הם ממטה למעלה, כנזכר שם, וממזל זה הי"ג מקבל הארה כתר דאימא הרי יש ו'
תיקוני דיקנא למעלה מכתר דאימא כנזכר, וכמו ששם מקבל כתר דאימא מן חו"ג דאבא עצמו כנזכר, כך מן
הדיקנא מקבל הארה ממקום שנשלמו חו"ג שהם תרין תיקונים תתאין, שהם י"ב וי"ג, עד כאן מצאתי כתוב
)כל זה עיין בשער רוח הקודש תיקון וכ"ז, יחוד תגע"ץ(.

עֵץ חַיִּים

לְרַבֵּינוּ חַיִּים וִיטַאל

שֶׁקִּיבֵּל מִמָּרָן הָאֲרִ"י זלה"ה

שַׁעַר ה'

שַׁעַר טנת"א

פֶּרֶק ג'

חֵלֶק הַתַּרְשִׁימִים טַבְלָאוֹת וְצִיּוּרִים

שִׁמְחַת חַיִּים

שער ה' פרק ג' טנת"א

הקדמה קצרה

דע כי כל התרשימים הציורים והטבלאות, הם אך ורק לשכך את האוזן, ולשבר את העין. וכל הציורים הם לא שלמים.

כתב הרי"ח הטוב ברב פעלים ח"ב בסוד ישרים ה' - אך דע לך כי סדר התלבשות המחצבים שכתב מהרח"ו בשערי קדושה עד עולם הזה שאנחנו עומדים בו. וכן סדר התלבשות הפרצופים אשר בכל מחצב ומחצב, וסדר התלבשות העולמות זה בזה, והיושר והעיגולים, לא אית אינש דכיל למנלע רזא דנא, איך היא עשוי, איך הוא עומד, ולא אפשר לשכל אנושי לצייר כל הנזכר על אמתיתם, ועל בורייו מפני כי שכל האנושי בהיותו עצור ומונח בגוף גשמיי, אי אפשר לי להשיג דבר רוחני, והוא זה דומה לאדם סומא מן הבטן שלא ראה מאורות מימיו, דודאי אי אפשר לו לצייר מראות השמש והירח הנראין לעיני הבריות, וכל שכן מה שיש למעלה למעלה.

וכן כתב ברב פעלים ח"א בסוד ישרים א' - סוף דבר הכל נשמע, ה' אחד ושמו אחד, ואין לו גוף ולא דמות הגוף, ואין לו שום ציור, ותמונה ודמיון כלל ועיקר, וגם כל העולמות וספירות הקדושים למעלה אין להם ציור ודמיון של גופים האלה כלל, ואין מי שיוכל לידע איך הוא עמידתם וסדרם, ואיך עומדים עולמות היושר ועולמות העיגולים, ואיך מתחברים זה עם זה, ואיך נמשך השפע מזה לזה, ואיך הוא תוארם ומראיהם, ואיך הוא מהות השפע המחיה אותם, ומקיים אותם, וכמה הוא שיעור אורכם וגובהן ורחבם, ואיך הם נכללים זה בזה, ומלבישים זה לזה, כי בכל זאת אין שום שכל אנושי יוכל לדעת, ולהבין, ולהשיג, כלל ועיקר.

הרב ז"ל כתב בשער אח"פ תחילת פ"א וז"ל - כבר ידעת כי אין בנו כח לעסוק קודם אצילות עשר ספירות, ולא לדמות שום דמיון וצורה כלל ח"ו, אך לשכך האזן, אנו צריכים לדבר דרך משל ודמיון, לכן אף אם נדבר במציאות ציור שם למעלה, אין הדבר רק לשכך האזן. אמנם דע כי עשר ספירות דאצילות הם שתי עניינים. האחד הוא התפשטות הרוחניות, והשני הוא כלים ואברים אשר העצמות מתפשט בהם. והנה צריך שיהיה לכל זה שורש למעלה לשתי בחינות אלו, ולכן צריכין אנו לדבר בסדר המדרגות מראש עד סוף, והנה נתחיל ונאמר כי הלא הא"ס ב"ה אין בו שום ציור כלל ח"ו כמבואר.

הרב ז"ל כתב בשער טנת"א פ"א - והנה אף על פי שאנו מכנים וקוראים כאן כנויים אלו כגון אדם ראש אזנים וכיוצא אינו רק לשכך האזן לשיובנו הדברים לכן אנו מכנים כנויים אלו במקום גבוה, עד כאן לשונו.

וכן הרמ"ק בפרדס רימונים ש"ו פ"א - וציירו להם המקובלים צורות בריעות גדולות וקראום אילן. הרב ז"ל כתב בסוף ש"ה פ"ד וז"ל - ואמנם דבר גלוי הוא כי אין למעלה גוף ולא כח גוף חלילה. וכל הדמיונות והציורים אלו לא מפני שהם כך חס ושלום. אמנם לשכך את האזן לכשיוכל האדם להבין הדברים העליונים הרוחניים בלתי נתפסים ונרשמים בשכל האנושי, לכן ניתן רשות לדבר בבחינת ציורים ודמיונים, כאשר הוא פשוט בכל ספרי הזוהר. וגם בפסוקי התורה עצמה כולם כאחד עונים ואומרים בדבר הזה כמו שאמר הכתוב עיני ה' המה משוטטים בכל הארץ. עיני ה' אל צדיקים. וישמע ה'. וירח ה'. וידבר ה'. וכאלה רבות וגדולה מכולם מה שאמר הכתוב ויברא אלהים את האדם בצלמו בצלם אלהים ברא אותו זכר ונקבה וגו'. ואם התורה עצמה דברה כך גם אנחנו נוכל לדבר כלשון הזה, עם היות שפשוט הוא שאין שם למעלה אלא אורות דקים, בתכלית הרוחניות, בלתי נתפשים שם כלל, וכמו שאמר הכתוב כי לא ראיתם כל תמונה, וכאלה רבות. ואמנם יש עוד דרך אחרת כדי להמשיך ולצייר בה הדברים העליונים, והם בחינת כתיבת צורת אותיות, כי כל אות ואות מורה על אור פרטי עליון, וגם תמונת זו דבר פשוט הוא כי אין למעלה לא אות, ולא נקודה, וגם זה דרך משל וציור לשכך את האוזן כנזכר. ולכן נבאר עתה הקדמה הנזכר על דרך ציור האותיות גם כן ובבחינת ציורים אלו, הן ציור האדם, והן ציור אותיות, שתיהן מוכרחים להבין ענין האורות העליונים, כאשר תראה ספרי הזוהר בנויים על שתי בחינות הציורים האלה, עד כאן לא.

ולכן גם אנחנו הרשינו לעצמינו לצייר ציורים, תרשימים וטבלאות, אך ורק כדי לשכך את האוזן, ולשבר את העין, כדי להבין את הסוגייה.

אח"י

תרשימים שער ה' פרק ג'

סדר שמות שמות ההיכלות והשערים בעץ חיים

שם היכל	שער	שם השער	א	ב	ג	ד	ה	ו	ז	ח	ט	י	יא	יב	יג	יד	טו
אדם קדמון	א	עיגולים ויושר	א	ב	ג	ד	ה										
	ב	השתלשלות י"ס דרך עגו'	א	ב	ג												
	ג	סדר אצילות למהרח"ו	א	ב	ג												
	ד	אח"פ	א	ב	ג	ד	ה										
	ה	טנת"א	א	ב	ג	ד	ה	ו	ז								
	ו	עקודים	א	ב	ג	ד	ה	ו	ז	ח							
	ז	מטי ולא מטי	א	ב	ג	ד	ה										
נקודים	ח	דרושי נקודות	א	ב	ג	ד	ה	ו									
	ט	שבירת הכלים	א	ב	ג	ד	ה	ו	ז	ח							
	י	תיקון	א	ב	ג	ד	ה										
	יא	מלכים	א	ב	ג	ד	ה	ו	ז	ח	ט	י					
הכתרים	יב	עתיק	א	ב	ג	ד	ה										
	יג	א"א	א	ב	ג	ד	ה	ו	ז	ח	ט	י	יא	יב	יג	יד	
או"א	יד	או"א	א	ב	ג	ד	ה	ו	ז	ח	ט	י					
	טו	זווגים	א	ב	ג	ד	ה	ו									
	טז	הולדת או"א וזו"ן	א	ב	ג	ד	ה	ו	ז								
ז"א	יז	ז"א	א	ב	ג	ד											
	יח	רפ"ח נצוצין	א	ב	ג	ד	ה	ו									
	יט	אנ"ך	א	ב	ג	ד	ה	ו	ז	ח	ט	י					
	כ	המוחין	א	ב	ג	ד	ה	ו	ז	ח	ט	י	יא	יב			
	כא	לידת המוחין	א	ב	ג												
	כב	מוחין דקטנות	א	ב	ג												
	כג	מוחין דצלם	א	ב	ג	ד	ה	ו	ז	ח							
	כד	פרקי הצלם	א	ב	ג	ד	ה	ו	ז								
	כה	דרושי הצלם	א	ב	ג	ד	ה	ו	ז	ח							
	כו	צלם	א	ב	ג	ד											
	כז	פרטי עי"מ	א	ב	ג	ד											
	כח	עיבורים	א	ב	ג	ד	ה										
	כט	נסירה	א	ב	ג	ד	ה	ו	ז	ח	ט						
	ל	פרצופים	א	ב	ג	ד	ה	ו	ז								
	לא	פרצופי זו"ן	א	ב	ג	ד	ה										
	לב	הארת המוחין	א	ב	ג	ד	ה	ו	ז	ח	ט						
	לג	אונאה	א	ב	ג	ד	ה										
נוק' דז"א	לד	תיקון הנוקבא	א	ב	ג	ד	ה	ו	ז								
	לה	הירח	א	ב	ג	ד	ה										
	לו	מעוט הירח	א	ב	ג	ד											
	לז	יעקב ולאה	א	ב	ג	ד	ה										
	לח	לאה ורחל	א	ב	ג	ד	ה	ו	ז	ח	ט						
	לט	מ"ן ומ"ד	א	ב	ג	ד	ה	ו	ז	ח	ט	י	יא	יב	יג	יד	טו
	מ	פנימיות וחצוניות	א	ב	ג	ד	ה	ו	ז	ח	ט	י	יא	יב	יג	יד	טו
	מא	חשמל	א	ב	ג												
אבי"ע	מב-א	דרושי אבי"ע	א	ב	ג	ד	ה	ו	ז	ח	ט	י	יא	יב			
	מב-ב	כללות אבי"ע	א	ב	ג	ד											
	מג	ציור עולמות אבי"ע	א	ב	ג	ד											
	מד	שמות	א	ב	ג	ד	ה	ו	ז								
	מה	מקיפין	א	ב	ג	ד											
	מו	כסא הכבוד	א	ב	ג	ד	ה	ו									
	מז	סדר אבי"ע	א	ב	ג	ד	ה	ו									
	מח	קליפות	א	ב	ג	ד											
	מט	קליפת נוגה	א	ב	ג	ד	ה	ו	ז	ח	ט						
	נ	קיצור אבי"ע	א	ב	ג	ד	ה	ו	ז	ח	ט	י					

טבלת ערכים

עשיה	יצירה	בריאה	אצילות	אדם קדמון	עולמות
נוקבא	ז"א	אמא	אבא	ע"י וא"א	פרצופים
מלכות	חג"ת נה"י	בינה	חכמה	כתר	ספירות
ה	ו	ה	י	קוץ של י'	הוי"ה
נפש	רוח	נשמה	חיה	יחידה	אורות
ב"ן - יוד הה וו הה	מ"ה - יוד הא ואו הא	ס"ג - יוד הי ואו הי	ע"ב - יוד הי ויו הי	שורש הוי"ה	מלוי
אותיות	תגין	נקודות	טעמים	שורשים	טנת"א
אין ניקוד	סגול, שוה, חולם חיריק, קבוץ, שורוק	צרי	פתח	קמץ	נקודות
עטרת היסוד	גוף ובר ית	מוח שמאל	מוח ימין	גולגולתא	אדם
כבד	לב	מוח	ל - מקיף, חיה	מ - מקיף, יחידה	מל"ץ
היכל	לבוש	גוף	נשמה	שורש	שנגל"ה
יעו"ר	זו"ן	ישסו"ת	או"א עלאין	עו"ג אאו"ג	י"ב פרצופים
כלים	לבושים	צלמים	מוחין	אורות	כל צמא
עור	בשר	גידין	עצמות	מוח	אברים
דיבור	ריח	שמיעה	ראיה	מוח	חושים
חושך	מלאכים	נשמות	ספירות	א"ס	מחצבים
צ' כבד	צ' לב	צ' מוח	ל' מקיף א'	מ' מקיף ב'	צלם
דומם	צומח	חי	מדבר	אלוקות	דחצ"ם
עפר	רוח	אש	מים	יולי	יסודות
וילון	מכון, מעון, זבול שחקים, רקיע	ערבות	ערבות	ערבות	רקיעים
לבנה	ככבים	מזלות	גלגל היומי	גלגל השכל	גלגלים
לבנת הספיר	אהבה, זכות, רצון, עצם השמים, לבנת הספיר	קודש קודשים	קודש קודשים	קודש קודשים	היכלות
כו - וד ה ו ה	יט - וד א או א	לו - וד י או י	מו - וד י וי י		מלוי הוי"ה
קנ"א - אלף הה יוד הה	קמ"ג - אלף הא יוד הא	קס"א - אלף הי יוד הי	קס"א - אלף הי יוד הי		אהי"ה

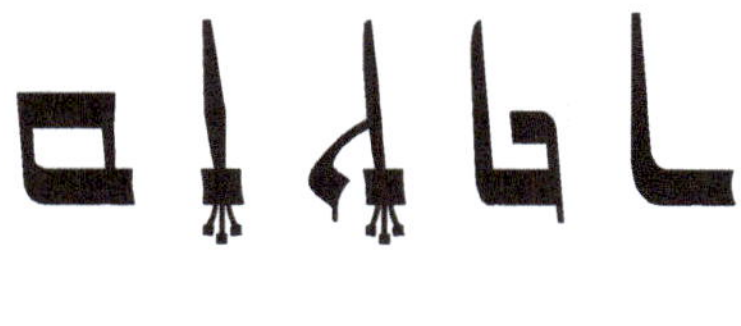

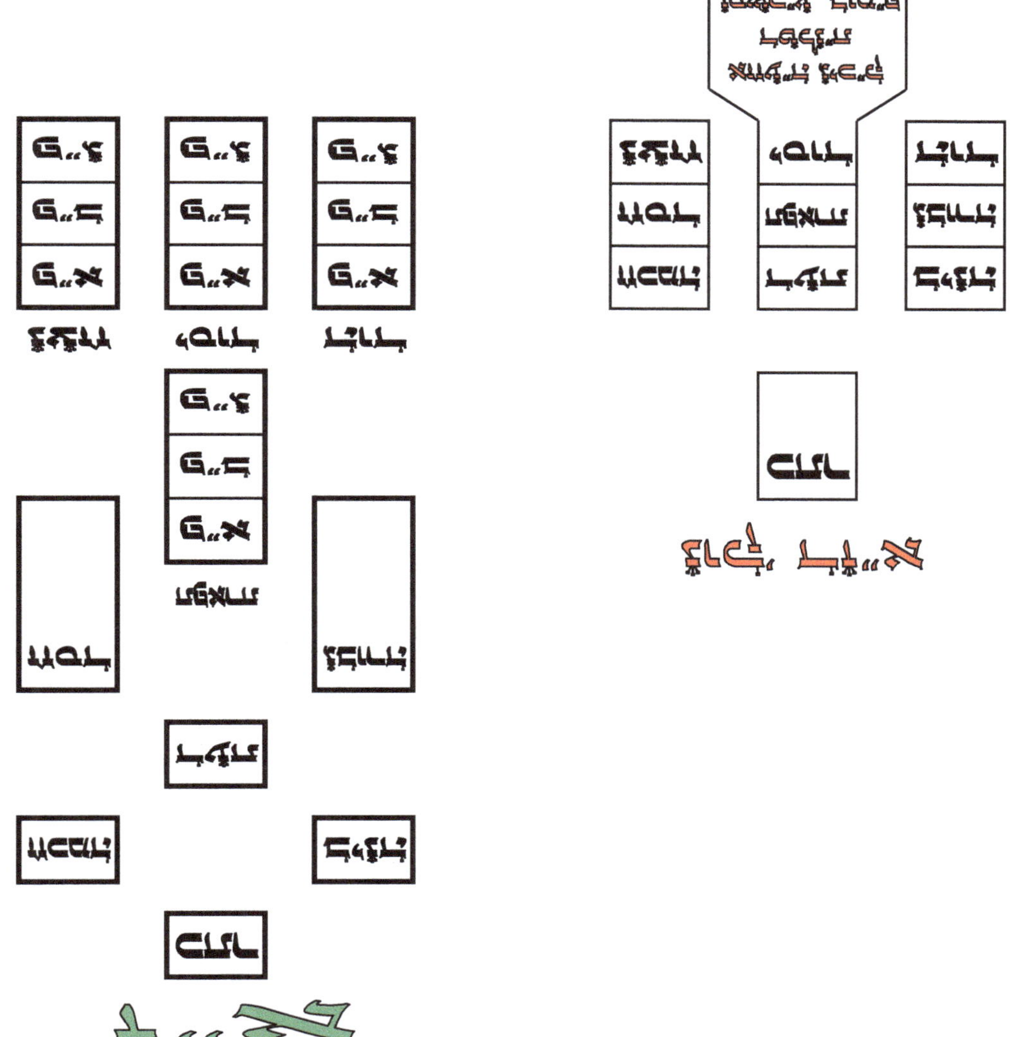

תרשימים שער ה' פרק ג'

תרשים ג - ג

ויכוין להעלות את המ"ן שהם עשר ניצוצי אור שנפלו בעשיה מאורות המלכים דמיתו שנתבררו עמה ע"י עשרה הרוגי מלכות מי"ם דעשיה באל נקמות ועמה חיו וחזרו למלכותם, וזהו ה' מלך ניצולי חב"ד וחג"מ דעמיק ונוק' ואמ"א ונוק', וכן על זה הדרך:

חכמה · א"א · עתיק ונוק' — בינה · או"א · אבא ואימא
חסד · א"מ ונוק' — גבורה · חב"ד וחג"ת
נצח · חב"ד וחג"ת — הוד · יספו"ת

יְדֹוָד [יאהדונהי] מֶלֶךְ — יְדַוָאדֹנָי [יאהדונהי] מֶלֶךְ ·

מספר נקודות ג'
סיום גי' יב"ק
יאהלוההים

לעם · ת"ת · יסוד | זו"ן · ז"א נוק' | חב"ד חג"ת · יעקב ורחל · נה"י

יְדֹוָד [יאהדונהי] יִמְלֹךְ

לְעֹלָם יְהֹוָה וָעֶד

מלכיות דחב"ד וחג"ת די"ב פרצופים הנז"ל.

תרשימים שער ה' פרק ג'

חכמה · א"א · עתיק ונוק' — בינה · או"א · אבא ואימא
חסד · א"מ ונוק' — גבורה · נה"י
נצח · נה"י — הוד · יספו"ת

יְדֹוָד [יאהדונהי] מֶלֶךְ — יְדַוָאדֹנָי [יאהדונהי] מֶלֶךְ ·

מספר נקודות ג'
סיום גי' יב"ק
יאהלוההים

לעם · ת"ת · יסוד | זו"ן · ז"א נוק' | חב"ד חג"ת · יעקב ורחל · נה"י

יְדֹוָד [יאהדונהי] יִמְלֹךְ

לְעֹלָם יְהֹוָה וָעֶד

מלכיות דנה"י די"ב פרצופים הנז"ל.

תרשים ג - ד

פה

גי' ס"ג וכ"ב אותיות דה' מילואים הפה

יוד ה'י ואו ה'י

אזוה"ע. גיכ"ק. דטלנ"ת. זסשר"ץ. בומ"ף.

פנימיות הפה
יוד ה'י ואו ה'י אהיה

מילויות הפה
יוד, יוד הא, יוד הא ואו
גי' פ"ה מילויות

קול יהוה   גי' יופיא"ל ע"ה.   דבור אדני.   קול ודבור יאהדונהי.

תרשים ג - ה

אותיות		מוצאות הפה
א ח ה ” ע		גרון
ג י כ ” ק		חיך
ד ט ל נ ” ת		לשון
ז ס ש ר ” ץ		שיניים
ב ו מ ” ף		שפתיים

תרשים ג - ו

בעשה בן יהידע - סוד סודות פרטיות לשרה רכנ עא
נשוקה ידים לאימא בכלל שבת

וכונת הנשיקה הוא כי יכון הנושק להמשיך שפע והא־ה משורש
החו־נ שבפה להמתיק ולבסם החרנ דמנצפ־ך פתוחות וסתומות אשר
באצבעות ידי הכברך ואז מתעוררים רהמי המנך ומברכהו.

דטלנת
זסשרץ שורש ההוין שבפה
סנזפך ה־ז שבה־ אצבעות יד ימין
מנצפב ה־נ שבה־ אצבעות יד שמאל

ואפשר כי הפתוחות הם חסדים
דבין שהם גבורות דמ־ה והסתומות
הם גבורות דב־ן

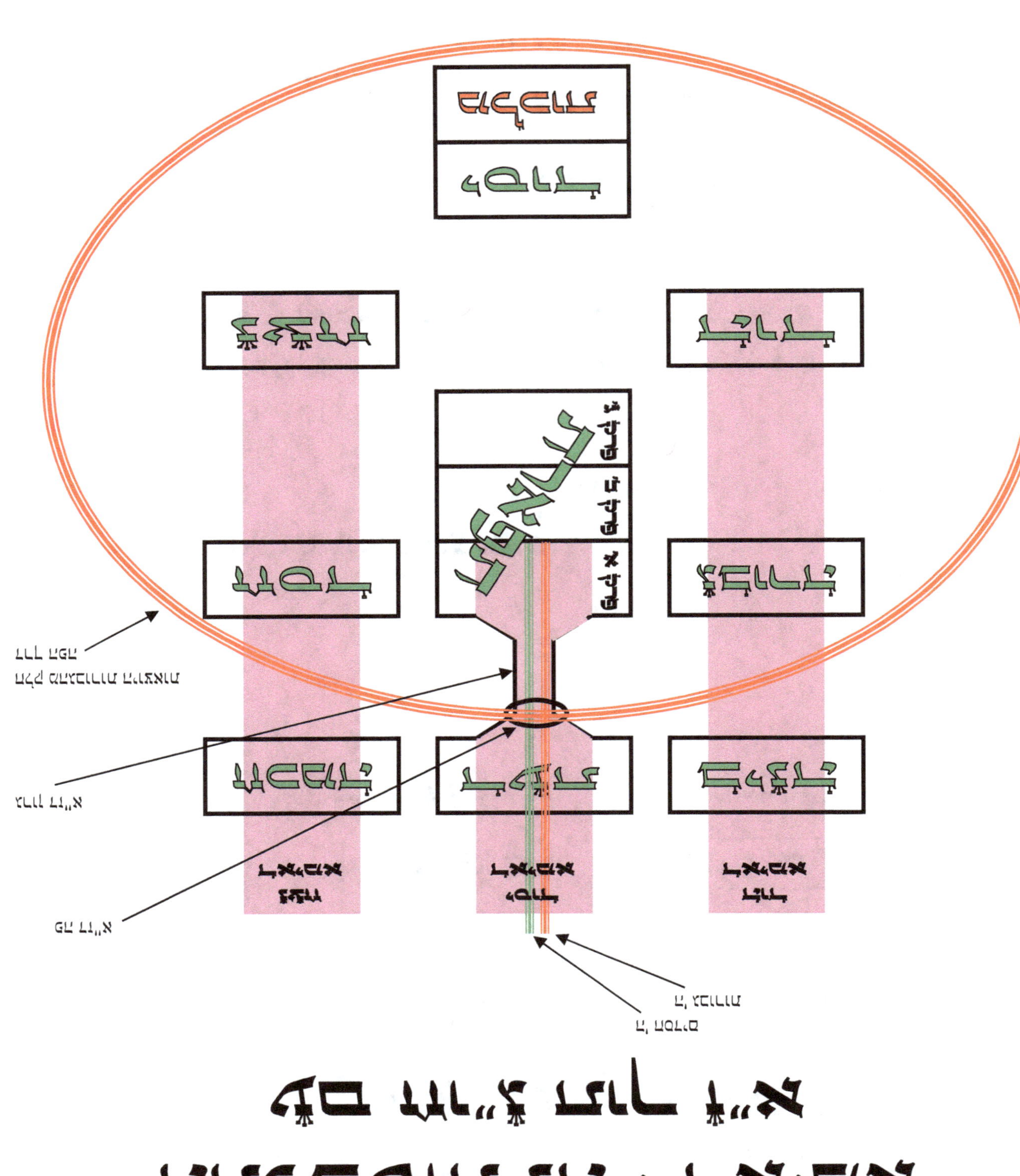

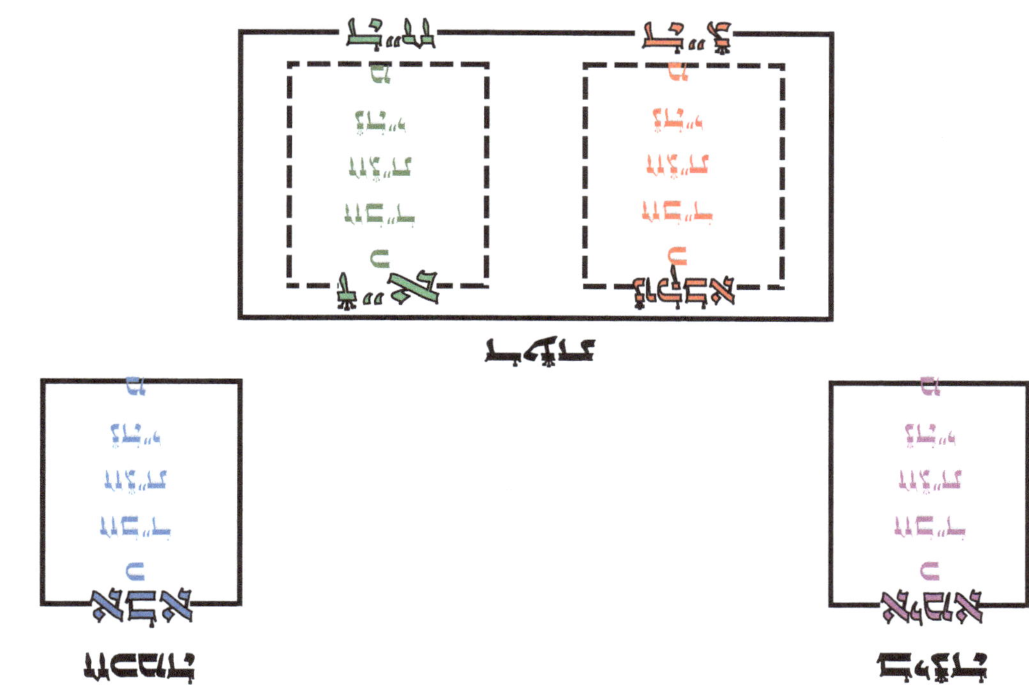

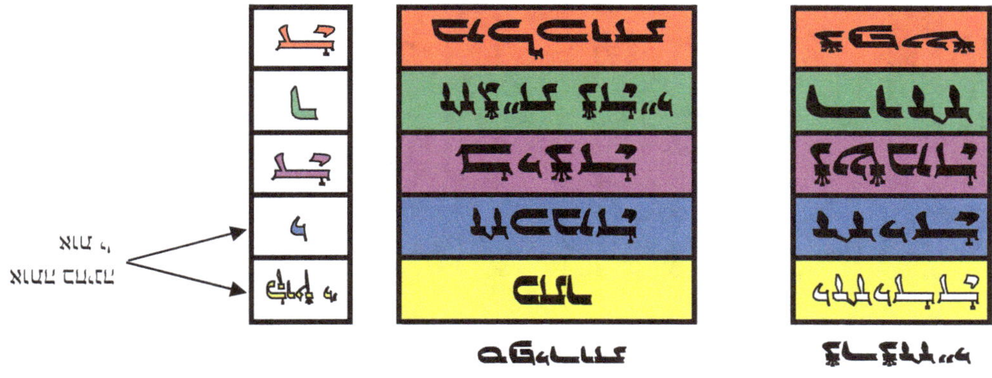

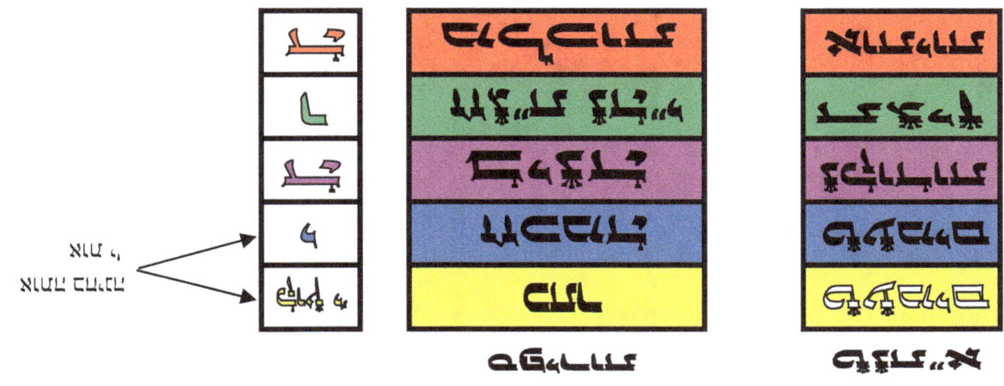

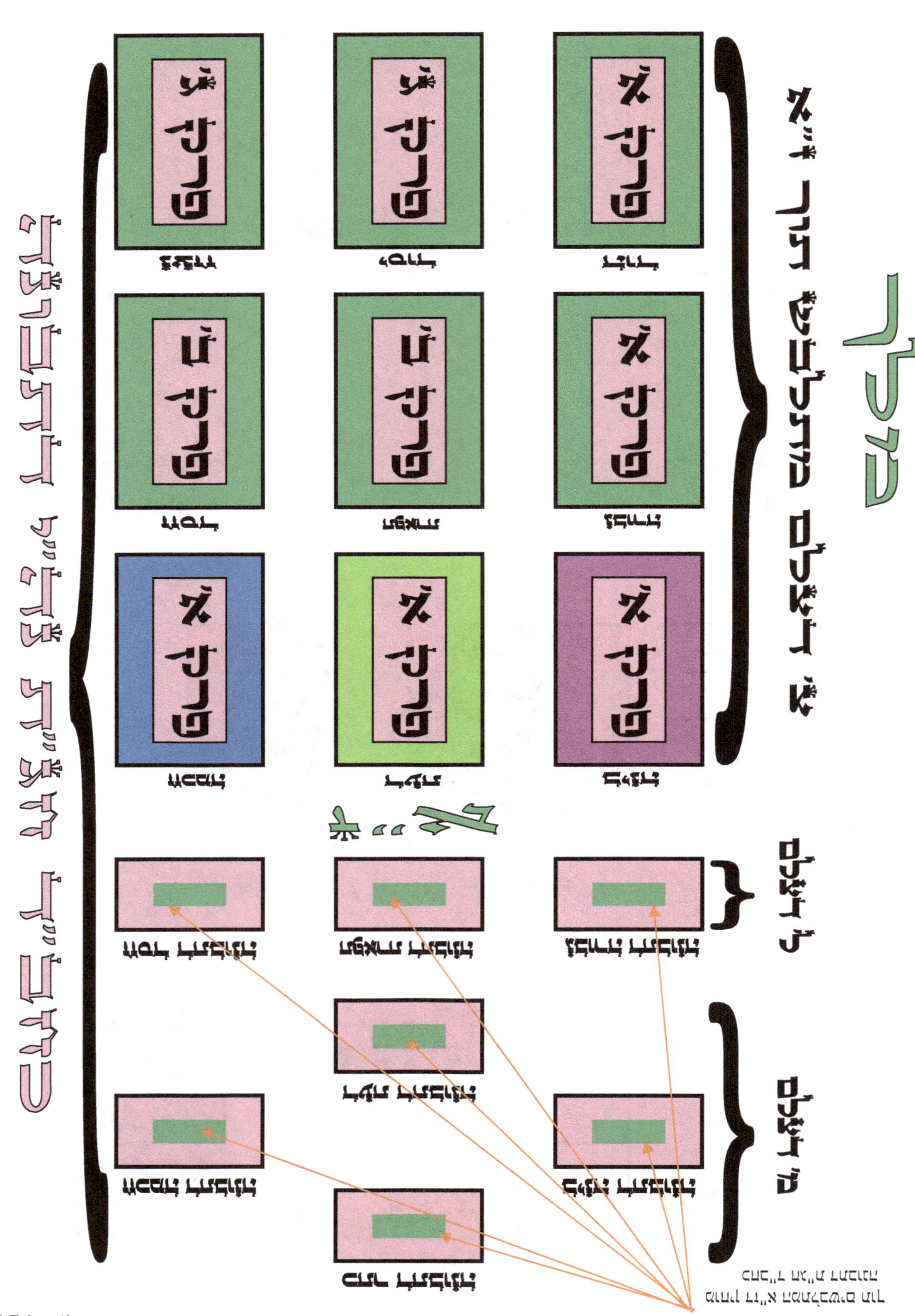

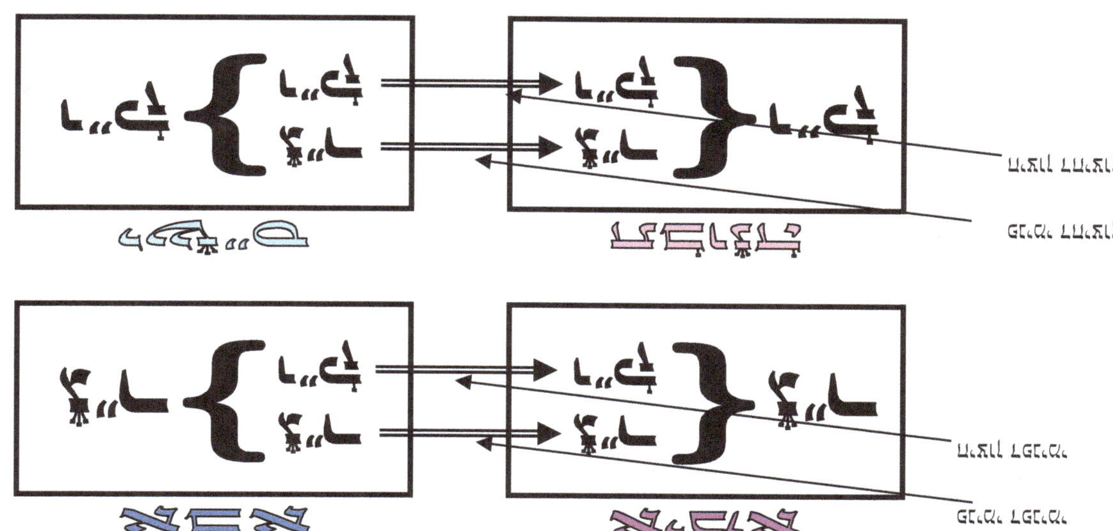

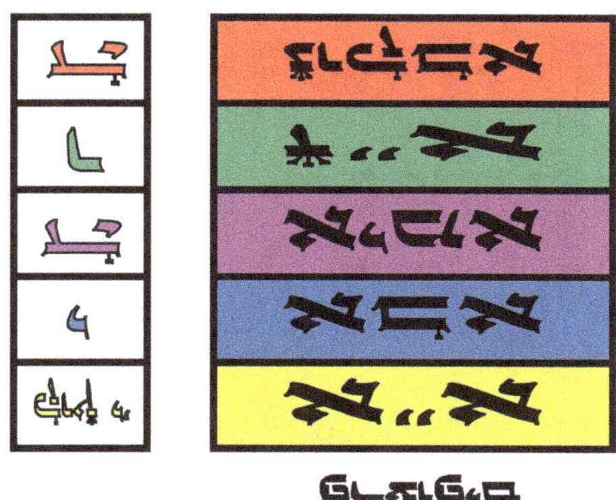

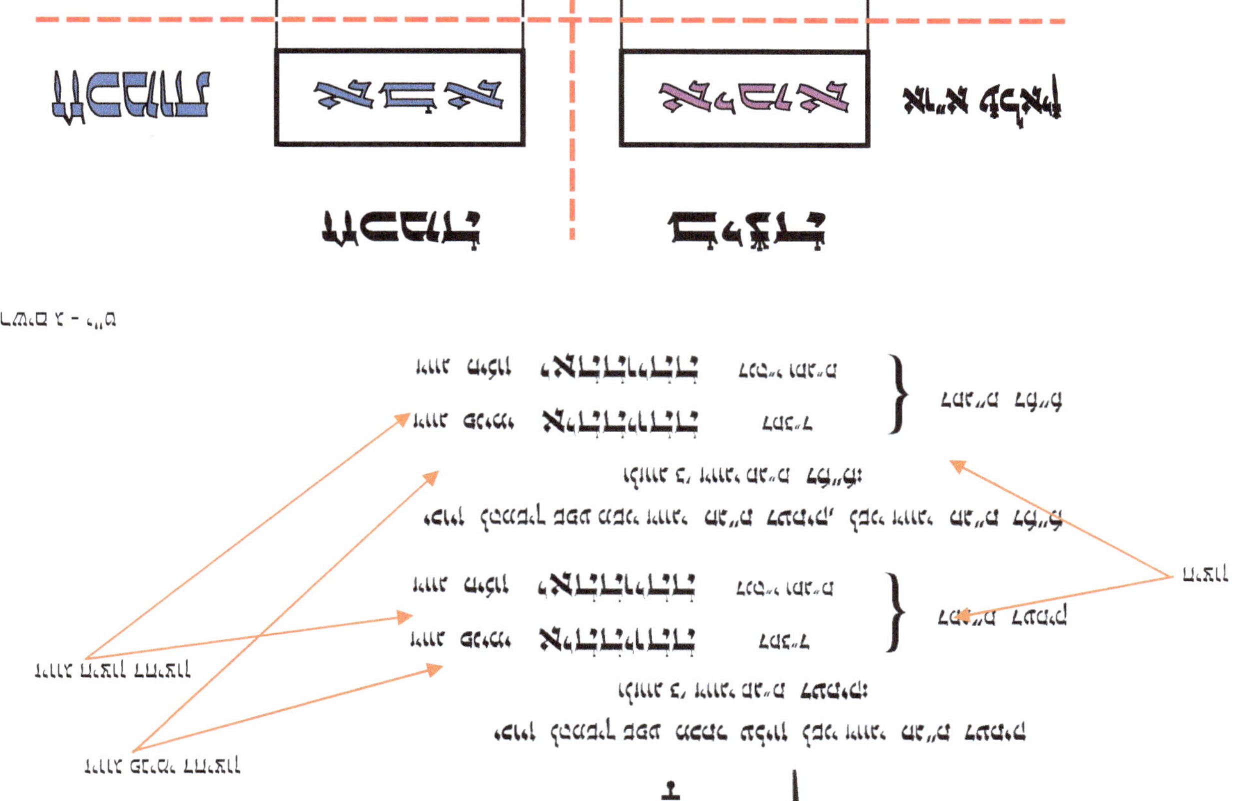

תרשים ג - כ"א

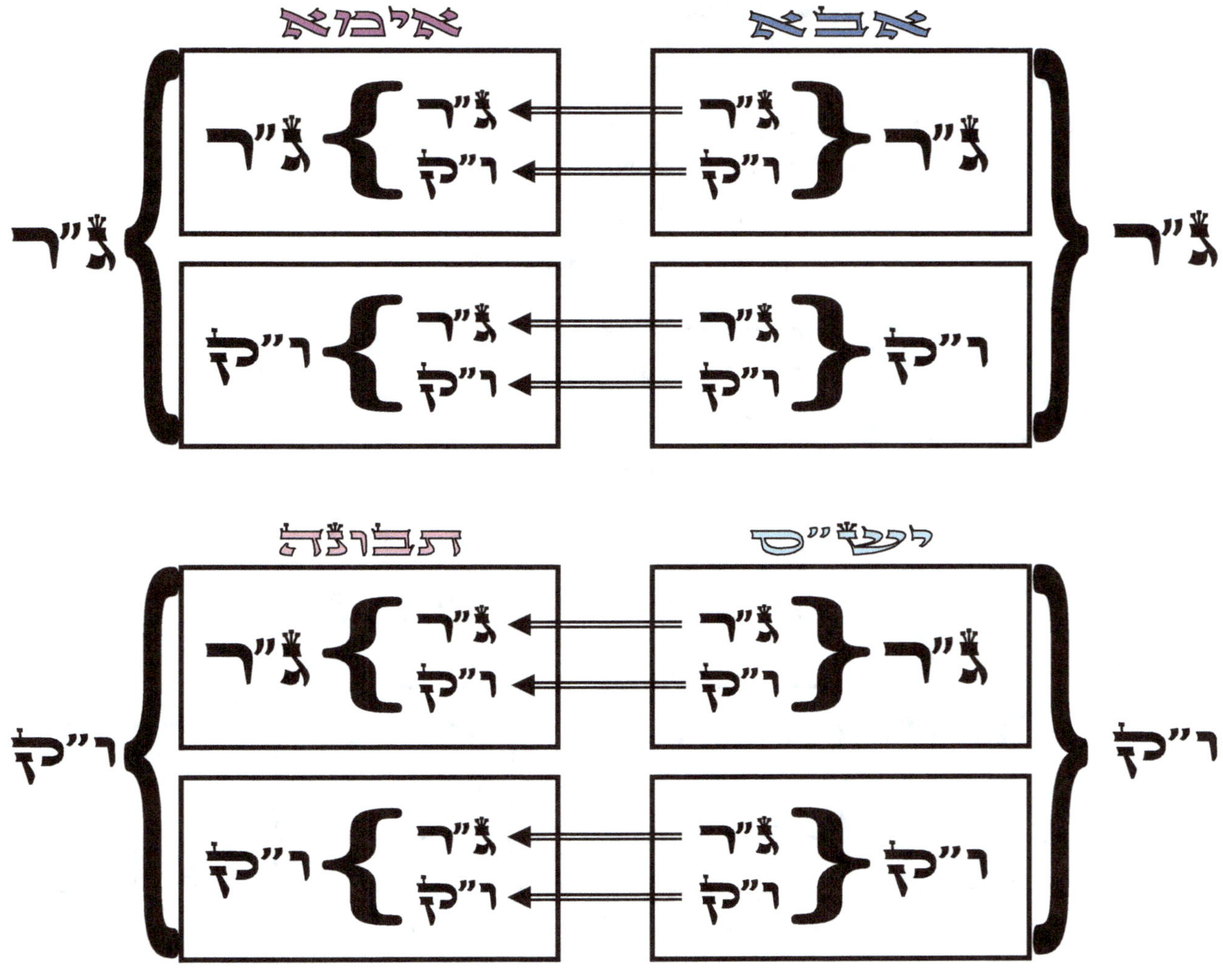